Maike Neufend

Das Moderne in der islamischen Tradition

BIBLIOTHECA ACADEMICA

Reihe

Orientalistik

Band 21

ERGON VERLAG

Maike Neufend

Das Moderne in der islamischen Tradition

Eine Studie zu Amīr ʿAbd al-Qādir al-Ǧazāʾirīs Verteidigung der islamischen Vernunft im 19. Jahrhundert

ERGON VERLAG

Bibliografische Information der Deutschen Nationalbibliothek
Die Deutsche Nationalbibliothek verzeichnet diese Publikation in der Deutschen Nationalbibliografie; detaillierte bibliografische Daten sind im Internet über http://dnb.d-nb.de abrufbar.

Gedruckt auf alterungsbeständigem Papier.
Umschlaggestaltung: Jan von Hugo
Satz: Thomas Breier, Ergon-Verlag GmbH

www.ergon-verlag.de

ISBN 978-3-89913-891-7
ISSN 1866-5071

It was said to me in a vision,
between waking and sleeping,
'if Allah has sometimes contributed the acts to his creatures,
it is only because they are the forms and the aspects of the
unique reality'

ʿAbd al-Qādir al-Ǧazā'irī (KM: 275)

Inhalt

Zur arabischen Umschrift

Die Transliteration der arabischen Begriffe folgt den Richtlinien der Deutschen Morgenländischen Gesellschaft (DMG). In der deutschen Sprache gängige arabische Begriffe und Ortsnamen werden in der jeweiligen gängigen Schreibweise belassen.

Verzeichnis der Abkürzungen

Schriften von ʿAbd al-Q̱ādir al-Ǧazāʾirī

MH	al-Miqrāḍ al-ḥādd li-qaṭʿ lisān muntaqiṣ dīn al-islām bi-'l-bāṭil wa-'l-ilḥād
DA	Ḏikrā al-ʿāqil wa tanbīh al-ġāfil
KM	Kitāb al-Mawāqif fi-'l-taṣawwuf wa-'l-waʾẓ wa-'l-iršād

Weitere Abkürzungen

EI	Encyclopaedia of Islam
REP	Routledge Encyclopedia of Philosophy
HMP	A History of Muslim Philosophy
EB	Encyclopaedia Britannica

1. Einleitung

Die koloniale Vormacht Europas in muslimischen Gesellschaften seit der Wende zum 19. Jahrhundert markiert den Beginn der sogenannten islamischen Moderne und übte einen Zwang auf die muslimischen Intellektuellen aus, sich gegenüber den Entwicklungen Europas und deren Vormacht zu positionieren. In der Forschung werden die verschiedenen Erneuerungstrends im Islam des 18. und 19. Jahrhunderts oft als homogener Körper wahrgenommen, der unter dem Modus des Fundamentalismus eine Einheit darstellt.[1] Diese Zuschreibungen sind aus einer europäischen Tradition der Aufklärung entstanden, aus deren Blickwinkel die Religion als Maßstab der Moral und Ethik dramatisch an Bedeutung verlor. Stattdessen forderten die Aufklärer einen zukunftsorientierten Rationalismus, um die in die Vergangenheit gerichtete Tradition abzulösen. Moderne und Vernunft werden hier als Gegensatz zur Tradition verstanden und die Praktiken und Institutionen der westlichen liberalen Strömungen als Maßstab der Moderne veranschlagt.[2] Der Islam und die muslimischen Gesellschaften sind für die westlichen Rationalisten des 19. Jahrhunderts so zum Symbol der Rückständigkeit und des Irrationalismus geworden.

Selbst heute wird der Islam im katholischen Diskurs als vernunftferner und irrationaler Glauben dargestellt. In der Ansprache von Papst Benedikt XVI aus dem Jahr 2006 über die Vernunft und den Glauben reproduziert dieser ein Zitat von dem Theologen und Islamwissenschaftler Theodor Khoury (geb. 1930), um das Christentum als vernunftergeben und das Wesen der muslimischen Lehre als vernunftfern zu präsentieren: „Für die moslemische Lehre hingegen ist Gott absolut transzendent. Sein Wille ist an keine unserer Kategorien gebunden und sei es die der Vernünftigkeit.“[3]

Eben solchen Vorwürfen gegen den Islam war der als Freiheitskämpfer bekannt gewordene Algerier Amīr ʿAbd al-Qādir al-Ǧazāʾirī (1808-1883) ausgesetzt. Während seiner Gefangenschaft in Frankreich von 1847 bis

---

1 Vgl. Dallal (1993): „Islamic Revivalist Thought“, S. 341. Sowie Peters (1980): „Idjtihād and Taqlīd“, S. 131-145.

2 Vgl. Brown (1999): Rethinking Tradition, S. 2.

3 Vgl. Ansprache von Benedikt XVI: „Glaube, Vernunft und Universität. Erinnerungen und Reflexionen“, Aula Magna der Universität Regensburg, Dienstag 12. September 2006, Zugriff 22.03.2010 [http://www.vatican.va/holy_father/benedict_xvi/speeches/2006/september/documents/hf_ben-xvi_spe_20060912_university-regensburg_ge.html]. Khoury bezieht sich hier nur auf einen Aspekt der Lehre Ibn Ḥazms, die nicht einmal große Verbreitung fand.

1852 hatte ein katholischer Priester behauptet, im Islam sei es nicht verboten, Versprechen zu brechen oder falsche Dinge vorzutäuschen.[4] ʿAbd al-Qādir nimmt diesen Angriff zum Anlass, in seinem Text *al-Miqrāḍ al-ḥādd li-qaṭʿ lisān muntaqiṣ dīn al-islām bi-'l-bāṭil wa-'l-ilḥād* (Die scharfe Schere zum Abhacken der Zunge dessen, der die Religion des Islam durch Verleumdung und Ketzerei herabsetzt) die Regeln der Schariʿa (šarīʿa) in Bezug auf Täuschungen und die Einlösung von Versprechen zu erläutern. Da er es bei seinem Widersacher nicht mit einem Muslim zu tun hat, belässt er es nicht dabei, die legalen Regeln der Schariʿa darzustellen. Er unternimmt den Versuch, ihren Wahrheitsanspruch zu beweisen, indem er die Natur und Funktion der Vernunft (al-ʿaql) als Methode anführt, um die Existenz Gottes und der Prophetie, im Besonderen des Propheten Muhammads, als notwendige Wahrheit zu begründen.[5]

Mit der Analyse dieses Textes begibt sich diese Studie zugleich in drei unterschiedliche Kontexte, den Kolonialismus in Nordafrika, die islamische Reformdebatte des 19. Jahrhunderts und die Jahrhunderte alte innerislamische Diskussion über das Verhältnis von Rationalität und Offenbarung. Der Anlass für ʿAbd al-Qādirs philosophisch-theologische Auseinandersetzung ist zunächst die konkrete Situation des Kolonialismus in Nordafrika und sein Eindruck von den westlichen wissenschaftlichen Errungenschaften. Seine Abhandlung ist zum Teil an ein rationalistisches und zunehmend säkulares Frankreich gerichtet. Ohne dass er selbst Zugang zu der europäischen Literatur hatte, versucht er diesem Publikum zu erläutern, dass Rationalität innerhalb der islamischen Religion eine fundamentale Rolle spielt und gleichzeitig nicht durch Rationalität allein die Perfektion des Menschen und der Gesellschaft erreicht werden kann. ʿAbd al-Qādirs Abhandlung ist Teil der Auseinandersetzung über das Verhältnis von Vernunft und Religion im 19. Jahrhundert, die auch in den Werken von späteren islamischen Reformern eine zentrale Rolle spielte. Die Wissensproduktion des 18. und 19. Jahrhunderts ist kaum erforscht worden und wenn, dann im Lichte der Auseinandersetzung mit Europa. Selten wird diese Ideengeschichte aus sich selbst heraus betrachtet, um dann Beziehungen zu anderen Texten herstellen und diese in einen sozialen und politischen Kontext einordnen zu können.[6]

---

4 Vgl. Ǧazāʾirī, Muḥammad b. ʿAbd al-Qādir al- (1964): *Tuḥfat az-zāʾir*, S. 543. Im Folgenden als *Tuḥfa* abgekürzt. Sowie Etienne (1994): *Abdelkader*, S. 241.

5 Vgl. Commins (1988): „ʿAbd al-Qādir al-Jazāʾirī and Islamic Reform", S. 122. Sowie Weismann (2001c): *Taste of Modernity*, S. 157 ff.

6 Vgl. Peters (1990): „Islamic Enlightenment", S. 160-162.

Die detaillierte Analyse von ʿAbd al-Qādirs Auslegungen und Argumentationen sowie die Offenlegung seiner Bezugssysteme innerhalb der islamischen Tradition können Aufschluss über die intellektuellen Tendenzen und Auseinandersetzungen innerhalb der islamischen Moderne geben. In dieser Arbeit wird ʿAbd al-Qādirs Konzept der Vernunft anhand seiner Schrift *al-Miqrāḍ al-ḥādd* aus einer innerislamischen Perspektive untersucht. Vor diesem Hintergrund soll in dieser Studie die Frage beantwortet werden, an welche diskursive Tradition des Islam über die Vernunft ʿAbd al-Qādirs Text anknüpft und inwieweit seine Auslegung im Kontext als erneuernd betrachtet werden kann.

1.1 Forschungsstand

ʿAbd al-Qādirs erster Abhandlung *al-Miqrāḍ al-ḥādd* ist in der Forschung über das 19. Jahrhundert und über die Moderne im Islam sowie über die Person ʿAbd al-Qādir keine besondere Aufmerksamkeit gewidmet worden.[7] Sein rationalistischer Ansatz findet zwar Erwähnung (Commins 1990; Weismann 2001; Sulaimān 2004), doch eine genaue Einordnung und Analyse seiner Ideen und Argumentationen in diesem Werk sind bisher nicht erfolgt. ʿAbd al-Qādirs Hauptwerk besteht aus drei Büchern, *al-Miqrāḍ al-ḥādd* ist noch in Gefangenschaft in Frankreich zwischen 1848 und 1853 entstanden. Als ʿAbd al-Qādir im Jahr 1855 schon in Bursa in der Türkei lebte, registrierte ihn die Asiatische Gesellschaft in Paris als einen Gelehrten in ihrem Zirkel und forderte ihn auf, einen Beitrag über seine Auffassungen und Gedanken zu schreiben. Dieser Aufforderung ist ʿAbd al-Qādir dann in seinem zweiten Aufsatz mit dem Titel *Ḏikrā al-ʿāqil wa tanbīh al-ġāfil* (Den rationalen Mensch erinnernd und den Ignoranten aufrüttelnd) nachgegangen.[8] Sein umfangreiches Werk *Kitāb al-Mawāqif fi-'l-taṣawwuf wa-'l-waʿẓ wa-'l-iršād* (Das Buch der Stationen im Sufismus, in der Predigt und in der Leitung)[9]

7 Viele seiner Werke, Briefe und Aufsätze sind ins Französische übersetzt worden. *al-Miqrāḍ al-ḥādd* wurde nicht in eine europäische Sprache übersetzt.

8 Vgl. Commins (1988): „ʿAbd al-Qādir al-Jazāʾirī and Islamic Reform“, S. 123.

9 Ǧazāʾirī, Muḥammad b. ʿAbd al-Qādir al- (1976-77): Kitāb al-mawāqif, Damaskus: Dār al-Yaqẓa al-ʿArabīya. Es entstand anfänglich als Transkription improvisierter Koran Kommentare von ʿAbd al-Qādir. Im Laufe der Zeit antwortete er schriftlich auf Fragen, die ihm über bestimmte Verse, Aussprüche des Propheten oder Stellen aus den Schriften Ibn al-ʿArabīs gestellt wurden Diese Texte waren schon zu seiner Lebzeit als Manuskripte unter dem Titel *Kitāb al-mawāqif* in Umlauf, sind aber erst nach seinem Tod in zwei Bänden herausgegeben worden, vgl. Chodkiewicz (1995): Spiritual Writings, S. 12.

verfasste er in seinem damaszener Exil. Dieses zeigt in erster Linie seine Verbundenheit mit Muḥyī ad-Dīn b. al-ʿArabī (1165-1240).[10]

Die Person ʿAbd al-Qādir ist in der Öffentlichkeit und in der Forschung mit unterschiedlichen Zuschreibungen versehen worden, vom Befreiungskämpfer und ersten Nationalisten über den religiösen Reformer bis zum Humanisten (King 1997; Weismann 2001). ʿAbd al-Qādir selbst ist sozusagen ein Symbol geworden, das sich in unterschiedlichen Zeiten und Umgebungen verändert.[11] In vielen Studien steht seine militärische und politische Rolle im Vordergrund. Einige Forschungen haben seine religiöse Ausbildung und seinen religiösen Status genauer untersucht (Shinar 1965; Chodkiewicz 1995; Etienne 1995). Vor allem wurde seine politische Macht zur Zeit des Widerstandes in Verbindung mit seinem religiösen Status analysiert (Azan 1925; Shinar 1965). Diese Sichtweise wurde zunächst von den Autoren vertreten, die der Kolonialpolitik Frankreichs eher positiv gegenüber standen. ʿAbd al-Qādir wird in diesen Studien häufig als fanatischer Muslim dargestellt, der durch seine spirituelle Energie und seinen starken Glauben den Dschihad (ǧihād) gegen Frankreich ausüben konnte. Aber auch die moderne französische Historiographie, die generell dem Kolonialismus kritischer gegenübersteht, eröffnete im Kern dieselben Erklärungen (Emerit 1952; Julien 1964; Shinar 1965). Viele Studien über ʿAbd al-Qādir müssen aufgrund ihres ideologischen Überbaus mit Vorsicht gelesen werden, denn kritischere Forschungen haben gezeigt, ʿAbd al-Qādirs politische Aktivitäten und Entscheidungen müssen vielmehr unter einem pragmatischen und patriotischen Modus untersucht werden, da die religiöse Konnotation oft fälschlicherweise überbewertet wurde (Laroui 1975; Danziger 1977).

Forschungen über seine Zeit in Damaskus (1855-1883) haben ʿAbd al-Qādir als Teil der islamischen Reformbewegung in Syrien identifiziert (Commins 1990; Weismann 2001). Der Einfluss ʿAbd al-Qādirs auf die Salafiya Reformbewegung in Syrien wird auf seine Symbiose aus Rationalität und einem Schariʿa basiertem Sufismus innerhalb der Tradition

---

[10] Muḥyī ad-Dīn b. al-ʿArabī wird als einer der größten Sufis anerkannt, laut Brockelmann schrieb er um die 239 Bücher, wobei die Recherche nach Manuskripten weiter anhält. Am Ende seines Leben war Ibn al-ʿArabī in Damaskus, er starb dort und wurde dort beigesetzt. Als ʿAbd al-Qādir nach Damaskus kam, erwarb er das Haus, in dem Ibn al-ʿArabī gestorben war und wurde auch neben ihm beigesetzt. Nach der Unabhängigkeit Algeriens ist ʿAbd al-Qādirs Körper auf dem Friedhof der Märtyrer in Algier beigesetzt worden. Vgl. Chodkiewicz (1995): Spiritual Writings, S. 6, Fn. 12 sowie Ateş, A. (2011): „Ibnal-.ʿArabī", in: EI.

[11] Vgl. Achrati (2007): „Following the Leader", S. 139.

Ibn al-ʿArabīs bezogen.[12] Die Frage, ob und wie ʿAbd al-Qādir in seiner Verteidigungsschrift *al-Miqrāḍ al-ḥādd* die vernunftbasierte Erkenntnis mit dem mystischen Weg der Erkenntnis verbindet, ist Teil dieser Untersuchung. In seinem *Kitāb al-mawāqif* räumt ʿAbd al-Qādir trotz seiner Hinwendung zu Ibn al-ʿArabī und damit der mystischen Richtung im Islam dem Rationalismus eine wichtige Position ein. Laut Itzchak Weismann definierte ʿAbd al-Qādir die Beziehung zwischen Rationalismus und Mystik im Islam neu, indem er die westlichen rationalistischen Errungenschaften in Bezug auf weltliche Angelegenheiten adaptierte und gleichzeitig von den religiösen Wissenschaften fernhielt.[13]

Weder sein früher rationalistischer Ansatz noch die Wirkung der Lehre Ibn al-ʿArabīs auf ʿAbd al-Qādir wurden umfassend untersucht (Chodkiewicz 1995). Die beiden frühen Texte ʿAbd al-Qādirs, *al-Miqrāḍ al-ḥādd* und *Ḏikrā al-ʿāqil*, die hauptsächlich Vernunft und Wissen in Bezug zur Offenbarung thematisieren, sind beide aus besonderem Anlass verfasst worden und zum Teil an ein europäisches Publikum gerichtet. Beide Aufsätze zeugen von seiner umfangreichen Kenntnis der islamischen Theologie und Philosophie, anhand derer ʿAbd al-Qādir die Harmonie von Vernunft und Offenbarung verteidigt, wie es schon frühere und auch spätere Theologen getan haben.[14] Weismann betrachtet die ersten beiden Abhandlungen als inhaltliche Vorläufer seines spirituellen Hauptwerkes, die sich gegenseitig nicht widersprechen, sondern durchgehend eine Verbindung von rationaler und spiritueller Erkenntnis herzustellen versuchen. David Dean Commins verweist auf deren wenig innovativen Ansatz, da sich sein Autor hauptsächlich auf die rationalistische Tradition des Islam bezieht.[15] In all diesen Studien sind ʿAbd al-Qādirs Rückgriff auf die traditionelle islamische Philosophie und Theologie sowie die Art und Weise seines Umgangs mit diesen nicht umfangreich untersucht worden.[16]

12 Vgl. Weismann (2001a): „Between Sufi Reformism", S. 216.
13 Vgl. Weismann (2001c): S. 191.
14 Vgl. Chodkiewicz (1995): S. 7. Sowie Commins (1988): S. 123.
15 Commins (1990): Islamic Reform, S. 27.
16 Aus seiner Zeit in Frankreich und seinen späteren Kontakten zu Frankreich sind einige Dokumente veröffentlicht worden, die aus Briefen ʿAbd al-Qādirs, Erinnerungen an ʿAbd al-Qādir oder aus seinen Gesprächen in Gefangenschaft entstanden sind. Für eine Auflistung dieser Dokumente und teilweise deren Abdruck s. Etienne (1994): S. 427-489.

1.2 Aufbau der Arbeit

Um die Begründungen und Argumentationen ʿAbd al-Qādirs über die Vernunft, das Wissen und die Offenbarung nachvollziehen zu können, hilft es nicht, deren Stichhaltigkeit nach rationalistischen Standards zu überprüfen, denn philosophisches Denken ist weder autonom noch vollständig abhängig von sozialen, historischen und politischen Gegebenheiten.[17] ʿAbd al-Qādirs intellektuelle Produktion kann infolgedessen nur in Zusammenhang mit der beständigen Argumentation innerhalb der islamischen Tradition sowie seinem individuellen Kontext nachvollzogen werden. Die islamische Tradition wird aber in dieser Arbeit nicht nur als Repetition beständiger Argumentationen verstanden, weshalb ich in einem ersten Schritt den Bedeutungszusammenhang von Tradition als bloße Nachahmung aufbreche. In Forschungen der letzten Jahrzehnte über Modernität und Tradition ist herausgearbeitet worden, dass Tradition nicht der Gegensatz zur Modernität ist, sondern selbst häufig der Motor für Veränderungen und Erneuerungen.[18]

ʿAbd al-Qādirs Leben, seine religiöse Biographie und seine Situation zum Entstehungszeitpunkt des Essays bilden einen zweiten Zugang, um seinen Text aus einer inneren Perspektive zu analysieren, denn ʿAbd al-Qādirs religiöse Praxis und sein individueller Kontext stehen im Austausch mit seiner Reproduktion von Wissen und damit Wirklichkeit. ʿAbd al-Qādir bedient sich in seiner Studie historisch ausgeweiteten und sozial eingebetteten Argumentationen über die islamische Vernunft, die einen zentralen Ort innerhalb der islamischen Gelehrsamkeit einnehmen.

Im vierten Kapitel stelle ich seine Argumentationen aus dem Buch *al-Miqrāḍ al-ḥādd* dar. Hierbei konzentriere ich mich auf die Kernelemente seiner Argumentation und verorte diese zugleich innerhalb der islamischen Tradition. Sein Rückgriff auf bekanntes Wissen ist Teil der Wissensproduktion, die sich auf die islamische Vergangenheit bezieht und gleichzeitig dieses Wissen aus seiner Gegenwart heraus für die Zukunft fruchtbar machen will. Im fünften Kapitel fasse ich die Ergebnisse der Text- und Kontextanalyse zusammen und diskutiere diese abschließend als Symbiose von Vernunft und Offenbarung sowie als Verbindung von Tradition und Innovation. Ich definiere seine theologische Ausrichtung als moderaten Mittelweg, der einen Kompromiss zwischen Rationalismus und Mystik herzustellen versucht.

---

17 Vgl. MacIntyre (1988): Whose Justice?, S. 390.

18 Vgl. Waldman (1986): „Tradition as a Modality of Change", S. 323 ff. Sowie Gusfield (1967): „Tradition and Modernity", S. 351-362.

2. Die diskursive Tradition des Islam

ʿAbd al-Qādirs Abhandlung *al-Miqrāḍ al-ḥādd* stammt aus der Mitte des 19. Jahrhunderts, ein Zeitpunkt, in dem westliche Forschungen die kolonisierten Gesellschaften aus einer moralisch erhobenen Perspektive häufig als irrational und despotisch beschrieben haben. Diese Repräsentation des Orients ist in der Forschung wie auch der Politik seit dem Beginn der Kolonialisierung in Nordafrika und im Nahen Osten nicht unkritisch angenommen worden. Sowohl in der islamischen Welt als auch innerhalb der westlichen Sphäre gab es Ende des 19. Jahrhunderts schon Debatten über die Orientrepräsentation der Orientalisten.[1] Eine wirkliche Diskussion brachte aber Edward Saids *Orientalism* aus dem Jahr 1978. Said beschreibt die Forschungen über den Orient als Diskurs der Macht, der auf der Zweiteilung von Osten und Westen aufgebaut ist.[2] Diesen Diskurs bezeichnet er als Orientalismus und er kann aufzeigen, dass dieser mehr die Präsenz und Struktur der europäisch-atlantischen Macht repräsentiert, als eine wertvolle und ehrliche Auseinandersetzung mit dem Orient selbst zu ermöglichen.[3] In der Nachfolge dieser fundamentalen Kritik Saids entwickelte sich eine komplexere und selbstkritischere Forschung, die neue Formen des Wissens über den Orient hervorbrachte. Trotz dieser Zäsur gegenüber der frühen orientalistischen Literatur wird der aktuellen Forschung vorgeworfen, die Hauptargumente dieser alten Orientalistik zum Teil zu wiederholen. Denn bei der Suche nach Traditionen und Praktiken, die in das Konstrukt der Moderne passen, ist häufig der moderne Westen das universale Vorbild. Samira Haj sieht die Ursache dieser Reproduktion von alten Argumenten in Saids Buch selbst niedergelegt, da dieser zwar die Totalität der Methoden und Argumente orientalistischer Forschung kritisiert, die Wurzeln solch einer Totalität aber nicht innerhalb der Tradition des liberalen Humanismus situiert.

Diese Tradition steht im Erbe der Aufklärung des 17. und 18. Jahrhunderts, die Vernunft als Mittel rationaler Begründung in Europa einführte und es bald zum Prinzip erklärte, das von keinem vernünftigen Menschen verneint werden kann, da es unabhängig von kulturellen und

1 Der politische Aktivist Ǧamāl ad-Dīn al-Afġānī kritisierte schon Ende des 19. Jahrhunderts die westliche Forschung über den Islam, vgl. Daiber (1994): S. 119 ff. Für das 20. Jahrhundert siehe bspw. Arbeiten von Anouar Abdel-Malek und Abdallah Laroui.

2 Vgl. Said (1979): Orientalism, S. 2-3.

3 Vgl. ebd.: S. 20/ 21.

sozialen Umständen existiert. Die Vertreter der Aufklärung und später die des Rationalismus hofften, dass Vernunft letztlich die Autorität und Tradition verdrängt. In diesem Sinne wurde der Rationalismus im 19. Jahrhundert als Verbündeter des Liberalismus aufgefasst, was ihn zum Feind religiöser Intoleranz oder allgemein der Religion erklärte.[4] Die westliche Definition von „Modernität" ging dann einher mit dem qualitativen Bruch mit alten Traditionen und einem emanzipatorischen, progressiven Fortschrittsglauben. Haj argumentiert, die aktuelle Forschung über den Islam folge häufig noch einer Agenda der europäischen Aufklärung, d.h. humanistische, säkulare und anti-traditionelle Annahmen prägen die Forschung über die islamische Moderne.[5]

Um in dieser Arbeit eine Forschungsperspektive zu eröffnen, die ein adäquateres Verständnis der von ʿAbd al-Qādir beschriebenen islamischen Vernunft ermöglicht, löse ich in diesem Kapitel die Dichotomie von Tradition und Moderne auf und entwickle ein umfassendes Verständnis innerhalb einer Moderne kritischen Perspektive über den Gegenstand Tradition. ʿAbd al-Qādirs Abhandlung wird nicht als bloße Repetition vergangener Argumente beschrieben, sondern als Teil des Diskurses der islamischen Moderne. An die theoretische Diskussion schließe ich die Darstellung der islamischen Auffassung von Tradition an sowie die traditionsimmanenten Mechanismen von islamischer Erneuerung und Reform, um diesbezüglich einen Einblick in die Methoden und Theorien der islamischen Theologie zu geben. Mit dieser Grundlage kann ʿAbd al-Qādirs Bezug auf einen Vorrat an Texten und Argumenten aus einer inneren Perspektive betrachtet werden.

2.1 Eine Annäherung an den Traditionsbegriff

Weder in der Soziologie noch in der Philosophie hat es ausführliche Auseinandersetzungen mit dem Konzept der Tradition gegeben.[6] Max Weber ist einer der ersten Soziologen, der den Traditionsbegriff zu einer soziologischen Bedeutung gebracht hat, die besonders in den Theorien des sozialen Wandels und der Modernisierungsdebatte eine wichtige Rolle einnimmt.[7] Webers analytische Unterscheidung zwischen verschiedenen Arten von Legitimationen in traditionelle, charismatische

---

4 Vgl. „Rationalism", in: EB, S. 1178 ff.

5 Vgl. Haj, Samira (2009): Reconfiguring Islamic Tradition, S. 3.

6 Viele Wörterbücher in der Soziologie und Philosophie zählen nicht mal einen Eintrag des Begriffs „Tradition", und wenn, wird dieser meist unzureichend abgehandelt.

7 Wiedenhofer (2004) „Tradition", in: Geschichtliche Grundbegriffe.

und legal-rationale, prägten die Dichotomie von traditioneller und moderner Gesellschaft für lange Zeit.[8] Samuel N. Eisenstadt beschäftigt sich im Jahr 1979 ausgiebig in *Tradition, Wandel und Modernität* mit den Merkmalen der Modernisierungstheorien und der Bedeutung des Traditionsbegriffes. Eisenstadt untersucht die Beziehung von Tradition und Rationalität im Erbe Max Webers und hält daher die Gegensätzlichkeit dieser Begriffe weitgehend aufrecht.[9]

„There is a great need in the world for a better understanding of the nature of tradition and for a better appreciation of its value".[10] Edward Shils schrieb diesen Satz in der Einleitung zu seiner Monographie *Tradition* von 1981, in der er den Versuch unternimmt, Tradition in der Soziologie zu verorten. Shils arbeitet den transtemporalen Charakter von Tradition heraus und benennt dieses Merkmal zugleich als Grund für eine unzureichende Analyse der Tradition innerhalb der Soziologie.

Einen für die Kulturwissenschaft fruchtbaren Ansatz in diesem Gebiet hat der Philosoph Alasdair MacIntyre in den 1980er Jahren vorgelegt. Er entwickelte eine umfassende Traditionstheorie, die sich aus einer Liberalismus und Moderne-kritischen Perspektive mit Tradition beschäftigt. Für MacIntyre ist Rationalismus selbst traditionell und kann daher nur narrativ gerechtfertigt werden.[11] Da ʿAbd al-Qādir sich in seinem Text mit Vernunft im Islam beschäftigt und daher innerhalb einer Tradition Vernunft diskutiert und erklärt, bieten die Studien von MacIntyre eine gute Beschreibung des Problembereiches und mögliche methodische Lösungsansätze.

Der Anthropologe Talal Asad versteht den Islam selbst weitgehend im Foucaultschen Sinne als eine diskursive Tradition und baut hierbei auf MacIntyres Studien auf. Asad legt einen Ansatz vor, um die historischen Bedingungen zu verstehen, welche die Produktion und Aufrechterhaltung spezifischer diskursiver Traditionen und Transformationen ermöglichen sowie die Anstrengung der Gläubigen selbst, immer wieder Zusammenhänge herzustellen. Im Folgenden ist die Frage entscheidend, wie die Dichotomie von Tradition und Moderne aufgehoben werden kann, wie Rationalismus und Tradition außerhalb einer westlich liberalen Debatte über den Islam verstanden werden können und innerhalb des islamischen Diskurses zu definieren sind.

---

8 Eisenstadt (1979): Tradition, S. 45.

9 Eisenstadt (1979): S. 158 ff.

10 Shils (1983): Tradition, S. VII. Dieses Buch ist eines der wenigen Monographien zu diesem Thema, es wurde nur einmal aufgelegt und ist seitdem vergriffen.

11 Vgl. MacIntyre (1988): S. 362.

2.1.1 Die Dialektik von Wandel und Stabilität

Die seit der europäischen Aufklärung geltende Auffassung, nur durch eine Zerstörung traditioneller Formen ist eine Entwicklung moderner Gesellschaft gewährleistet, wurde vor allem in den 60er Jahren des 20. Jahrhunderts zunehmend in Frage gestellt.[12] Die Kritik an der Gegenüberstellung von Moderne und Tradition wurde zunächst von Ethnologen und Anthropologen vorgebracht. Trotz des typologischen Unterschiedes zwischen modernen und traditionellen Gesellschaften, fragten diese, ob die traditionellen Gesellschaften sich nicht in dem Grad unterscheiden, in dem sie Modernisierungsprozesse zulassen oder verhindern.[13] Diese Kritik machte erstmals eine Differenzierung zwischen den verschiedenen Elementen der Tradition notwendig:

> The assumption that modernity and tradition are radically contradictory rests on a misdiagnosis of tradition as it is found in traditional societies, a misunderstanding of modernity as it is found in modern societies, and a misapprehension of the relationship between them.[14]

Susanne und Lloyd Rudolph benutzen hier weiterhin Moderne und Tradition als präsente Einheiten, verstehen sie jedoch in einem kontinuierlichen und dialektischen Austausch miteinander. Die Autoren können aufzeigen, wie sich traditionelle Kräfte in einer modernen Umwelt effizient reorganisieren. Ihre Erkenntnis, dass Tradition eine große Rolle in Modernisierungsprozessen spielen kann, ebnete damals den Weg für eine neue Perspektive auf das Verhältnis von Tradition und Moderne.

Ebenfalls in den 1960er Jahren veröffentlichte Joseph R. Gusfield einen Artikel, in dem er sieben Trugschlüsse der Modernisierungsforschung vorstellt. Das Neue an seiner Kritik kann auf drei wichtige Erkenntnisse zusammengefasst werden.[15] Zunächst zeigt Gusfield auf, „both tradition and modernity form the bases of ideologies and movements in which the polar opposites are converted into aspirations, but traditional forms may supply support for, as well as against, change".[16] Tradition in den modernen Gesellschaften ist demnach sowohl Ideologie als auch Inhalt, und Ideologie bezeichnet hier gegenwärtige Handlungen, die ihre Legitimation aus der Vergangenheit beziehen. Zweitens, Gesellschaften müssen in einem historischen und nicht einem typologischen Kontext studiert werden, da diese aus variierenden Mi-

---

12 Vgl. Eisenstadt (1979): Tradition, Wandel und Modernität, S. 128.

13 Vgl. ebd.: S. 131.

14 Rudolph and Rudolph (1967): The Modernity of Tradition, S. 3.

15 Im Folgenden nach Waldman (1986): „Tradition as a Modality of Change".

16 Gusfield (1967): S. 351.

schungen aus Altem und Neuem bestehen und vor allem mit Kontinuitäten und Diskontinuitäten umzugehen haben. Diesem Schluss folgend hinterfragt Gusfield drittens die Identifizierung von Altem und Neuem mit Tradition und Moderne.[17] Damit war die Auffassung, Tradition und Innovation schließen sich aus, stark in die Kritik geraten.

Der Soziologe Edward Shils (1910-1995) brachte diese Kritik ausführlich zu Papier. Shils verweist ebenso wie Gusfield auf den Zusammenhang, dass Tradition und Innovation sich nicht ausschließen, indem er kritisiert, dass der Traditionsbegriff nur mit einer in der Moderne abgeschlossenen Vergangenheit identifiziert wird. Shils betont damit den Zeitaspekt der Tradition, d.h. Handeln muss nicht nur synchron, sondern auch diachron verstanden werden, da eine Gesellschaft ein „trans-temporales Phänomen" ist.[18] Gemeinhin beschäftigt sich die Soziologie mit Zeit nur in ihrer synchronen Dimension, da diese Voraussetzung zur Koordination sozialen Handelns ist. Shils kritisiert eben diese Atemporalität der Soziologie, denn Gesellschaft konstituiere sich nicht zu einem bestimmten Zeitpunkt an einem bestimmten Ort, sondern Tradition „[...] is the past in the present but it is as much part of the present as any very recent innovation".[19]

Shils gibt auch eine genaue Definition des Begriffes „Tradition" als etwas durch menschliches Handeln, Denken oder Vorstellen erschaffenes, das an die nächste Generation übergeben wird. Diese Definition gibt zwar formale Kriterien für Tradition, aber keine inhaltlichen Konzepte. Aufgrund dessen unterscheidet Shils zwischen der Tradition, die alle Lebensbereiche der Gesellschaft umfasst, und der „substantiven Traditionalität". Diese beinhaltet drei Dinge: die Würdigung der Errungenschaften und Weisheiten der Vergangenheit, die von Tradition durchdrungenen Institutionen sowie das Erhalten der Muster, die in der Vergangenheit als gute Leitmodelle dienten. Shils definiert Begründungsmuster zurecht als eine substantive Traditionalität, die zum einen anhand von rationaler Begründung überliefert werden und zum anderen durch eine Art stillschweigendes Wissen akzeptiert werden, d.h. durch intime Assoziationen und Empathien mit dem Akt der Begründung und demjenigen der es begründet.[20] Hier macht Shils die notwendige Unterscheidung, nicht Rationalität zum Gegner einer substantiven Traditionalität zu machen, sondern sie selbst als eine Tradition zu verstehen, denn die Macht der Vernunft und der Wissenschaft wurden mit

---

17 Vgl. ebd.: S. 351.

18 Vgl. Shils (1981): S. 327.

19 Ebd.: S. 13.

20 Vgl. ebd.: S. 21 ff.

einer nicht zu hinterfragenden Gewissheit von Generation zu Generation übernommen.[21] Die Aufforderung von Shils zu einer neuen Diskussion über den Traditionsbegriff ist jedoch in der Soziologie weitgehend ungehört geblieben.[22] Einer der wenigen Philosophen, welcher der Bedeutung von Tradition einen wichtigen Platz innerhalb einer Theorie zuweist, ist Alasdair MacIntyre (geb. 1929).[23] Im folgenden Abschnitt diskutiere ich MacIntyres Definition von Tradition und ihr Verhältnis zum Rationalismus.

2.1.2 Die Tradition der Rationalität

MacInytres Vorstellung über das Verhältnis von Rationalität und Tradition ist davon geprägt, Rationalität nicht ohne Tradition denken zu können. Tradition beruhe nicht bloß auf Traditionsmaterialien, sondern ist durch die Einbindung in verschiedene Handlungspraxen auch lebendig und somit stetig in einer Erörterung ihrer eigenen Gehalte. Dies verdeutlicht MacIntyre, indem er Handlungen nur anhand der konkreten Lebensgeschichte des Einzelnen versteht: Die historische und soziale Identität des Einzelnen ist durch den kausalen und zeitlichen Kontext sowie durch den Kontext des Rahmens miteinander verbunden. Handlungen sind demnach kausal, wenn jemand etwas tut, um etwas Bestimmtes zu erreichen. Diese kausale Handlung ist aber ohne ihren zeitlichen Zusammenhang nicht zu verstehen, folglich muss die Handlung in vorhergehende und nachfolgende Handlungen eingebettet werden, damit der Einzelne die Einheit seines Ichs in früheren und zukünftigen Handlungen herstellen kann.[24]

Mit seinem Handeln bewege der Einzelne sich aber auch in einem Rahmen, der über zeitliche und kausale Zusammenhänge hinausgeht, da die einzelne Handlung eine gemeinsame Handlungspraxis voraus-

---

21 Vgl. ebd.: S. 22.

22 Zumindest hat sich das konservative Verständnis des Traditionsbegriffes durchgesetzt, wie an Anthony Giddens Konzept der Moderne als posttraditionaler Gesellschaft zu sehen ist. Vgl. Giddens (1993): „Tradition in der post-traditionalen Gesellschaft". Mehr zu Giddens Traditionsbegriff in Dittmann (2004): Tradition und Verfahren, S. 90-92.

23 Alasdair MacIntyre gilt als Hauptvertreter des Kommunitarismus und hat in seiner Karriere eine geistige Entwicklung vom Marxismus zum Katholizismus durchlebt. Seine Werke zeichnen sich vor allem durch eine starke Antipathie mit dem modernen liberalen Kapitalismus aus. Er schrieb zu Themen wie Marxismus, Rationalismus, Theologie, Metaphysik, Ethik und die Geschichte der Philosophie, vgl. Clayton (2005): „Political Philosophy of Alasdair MacIntyre", in: Internet Ecyclopedia of Philosophy.

24 MacIntyre (1987): Verlust der Tugend, S. 275.

setzt, durch die erst eine Handlung auch für andere verstehbar wird.[25] Diese persönliche, in einer Erzählung gründende Identität macht MacIntyres Traditionsverständnis aus. Er definiert Tradition dann auch als Argumentation, die durch die Zeit hindurch ausgeweitet wird und in der bestimmte fundamentale Übereinstimmungen definiert und umdefiniert werden. Bewahrung ist für ihn nicht der Kern von Tradition, sondern es ist der Bedeutung von Tradition inhärent, zu verfallen, sich aufzulösen und zu verschwinden.[26]

MacIntyres These einer traditionsabhängigen Rationalität eröffnet jedoch zugleich Probleme des Relativismus und Perspektivismus. Ihm wird Relativismus vorgeworfen, da eine rationale Entscheidung zwischen zwei rivalisierenden Traditionen nach MacIntyres These gar nicht mehr möglich ist und somit Rationalität an sich verloren geht. Dem Perspektivismus wird MacIntyre beschuldigt, da sich keine Tradition rational über eine andere Tradition stellen kann und darum keine Tradition eine einzigartige Legitimität oder einen gehobenen Status über eine andere Tradition einnehmen kann. Dies bedeute aber, keine Tradition kann für ihre Theorien die „Wahrheit" gegenüber rivalisierenden Theorien anderer Traditionen beanspruchen.[27]

MacIntyre antwortet auf diese Kritik, indem er die Tradition selbst zu einer Methode macht, d.h. er versteht das Konzept von Rationalität und Wahrheit als eine „tradition-constituted enquiry", also eine über ihre Traditionalität informierte moralische Untersuchung, die in dem Bewusstsein ist, nicht unabhängig und Einflüssen ausgesetzt zu sein, ohne dass diese Abhängigkeit jedoch die Art des Denkens vorgibt: „traditions are always and ineradically to some degree local, informed by particularities of language and social and natural enviroment".[28] Laut MacIntyre hat eine solche über ihre Traditionalität informierte moralische Untersuchung den Vorteil, keinen Nullpunkt des Denkens zu veranschlagen und demzufolge besser argumentierend auf Konflikte innerhalb der Tradition eingehen und so die Tradition verändern zu können.[29] Anhand dieser „tradition-constituted enquiry" stellt MacIntyre dar, wie die Rechtfertigung einer speziellen Theorie nur innerhalb der Tradition geschehen kann und Theorien nur gerechtfertigt sind, solange sie auf der Basis der Möglichkeit von Tradition und der Möglichkeit von Missverhältnissen und Unzulänglichkeiten ihrer Vorfahren inner-

25 Vgl. ebd.: S. 293.
26 Vgl. ebd.: S. 297.
27 Vgl. Lott (2002): „Reasonably Traditional", S. 5.
28 MacIntyre (1988): S. 360 ff.
29 Vgl. Dittmann (2004): S. 103.

halb der Tradition bis in die Gegenwart hinein erklärt und überwunden werden können.

Bedeutend ist hier, dass Rechtfertigungen innerhalb einer Tradition an die Geschichte dieser Tradition gebunden sind, weil sie in Beziehung zu den Vorfahren dieser Tradition stehen. Somit ist die Rechtfertigung einer Theorie untrennbar von dem Geschichtsschreiben dieser Tradition bis in die Gegenwart.[30] Etwas zu rechtfertigen bedeutet somit, darüber zu erzählen, wie die Argumente sich innerhalb der Geschichte entwickelt haben.[31] Laut MacIntyre kann eine Tradition die „Wahrheit" nur innerhalb der eigenen Tradition beanspruchen. Dies bedeute eben nicht, Rationalismus ist relativ, sondern nur, die Rechtfertigung einer bestimmten „Wahrheit" ist an die Logik und Geschichte der Tradition gebunden.

Das zweite wichtige Argument MacIntyres lautet, rationaler Fortschritt innerhalb von Traditionen kann nicht ausgeschlossen werden, d.h. zu jedem möglichen Zeitpunkt kann eine Tradition in eine epistemologische Krise geraten. Dies ist eine Situation, in der die einer Tradition vertrauten Methoden der Untersuchung unfruchtbar geworden sind.[32] MacIntyre gibt hier drei wesentliche Schritte an, die eine traditionsimmanente Um- oder Neuformulierung einer Tradition erfüllen muss: Zuerst muss das neue, reichere Konzept Lösungen für die Probleme geben, die zuvor in einer systematischen und kohärenten Weise unlösbar waren. Eine epistemologische Krise kann dementsprechend nicht durch vorhandene Argumente und Praxen der Tradition aufgehoben werden, sondern bedarf einfallsreicher konzeptueller Erneuerungen. Diese konzeptuellen Innovationen müssen jedoch nicht außerhalb der Tradition liegen, sondern können ihre Lösungen innerhalb der Tradition entwickeln.[33] Der zweite Schritt besagt, dass eine Erklärung für die Aufgabe der spezifischen Tradition gegeben werden muss und drittens muss eine Kontinuität zwischen dem bisherigen Erklärungsmuster und den neuen konzeptuellen und theoretischen Strukturen aufgezeigt werden.[34]

Solche neuen Definitionen innerhalb der Tradition entstehen, laut MacIntyre, aus zwei Arten von Konflikten: Jene Auseinandersetzungen mit Kritikern und Feinden außerhalb der Tradition, die wichtige Teile

---

30 Vgl. Lott (2002): S. 7.

31 Vgl. MacIntyre (1988): S. 8.

32 Vgl. ebd.: S. 362.

33 Dittman stimmt MacIntyre in diesem Punkt zu, da jede rationale Begründung auf bereits vorliegende Konzeptionen zurückgreifen muss. Er kritisiert aber, dass dies nicht begründet, warum MacIntyre von einer traditionsabhängigen Rationalität dazu übergeht von einer rationalen Tradition zu sprechen. Vgl. Dittmann (2004): S. 111.

34 Vgl. MacIntyre (1988): S. 362.

der Tradition leugnen, und jene Konflikte mit Kritikern innerhalb der Tradition, die interpretative Debatten sein können, aufgrund derer Fortschritt und Entwicklung ermöglicht wird.[35] Es kann aber auch geschehen, dass eine solche epistemologische Krise nicht innerhalb einer Tradition gelöst werden kann. In diesem Falle werden ggf. Lösungsansätze einer rivalisierenden Tradition aufgrund der eigenen Standards rationaler Untersuchung angenommen. Vorausgesetzt, eine rivalisierende Tradition wird in dieser Art und Weise angenommen, dann lassen die Mitglieder einer Tradition in der Krise eventuell ihre zugunsten der rivalisierenden Tradition fallen.[36] Durch diesen Vorgang, die eigene Tradition aufgrund eines rationalen Wettbewerbs fallen zu lassen, versucht MacIntyre zu zeigen, dass eine Tradition über den eigenen Horizont hinausgehend rational sein kann. Er will damit der Kritik entgegnen, traditionsabhängige Rationalität sei perspektivistisch.[37]

Rationale Untersuchungen können also in MacIntyres Verständnis nur innerhalb einer Tradition stattfinden, denn rationale Begründungen sind Teil einer Geschichte, aus der sie hervorgehen und deren Teil sie sind. Innerhalb dieser Geschichte sind die rationalen Begründungen gerechtfertigt, indem sie die Grenzen und Probleme ihrer Vorgänger überwinden.[38] Der Rationalismus als Verstehens- und Begründungssystem ist damit Teil einer bestimmten Tradition, da philosophische Theorien geordnete Aussagen über Konzepte hervorbringen, welche schon in Formen von Bräuchen und Typen von Gesellschaften verkörpert sind. Philosophisches Denken ist somit weder autonom noch vollständig abhängig von sozialen, historischen und politischen Gegebenheiten.[39] Aber in welchem Maße kann eine Religion als Tradition verstanden werden? Hierzu stelle ich den Ansatz Talal Asads vor, der auf MacIntyres Konzept der Tradition aufbaut und daraus interessante Ansätze zur Konzeptualisierung des Islam als Untersuchungsgegenstand entwickelt.

2.1.3 Der Islam als Tradition

Talal Asad kann überzeugend aufzeigen, dass viele Forschungen über den Islam auf falschen konzeptuellen Gegensätzen und Gleichheiten beruhen und Autoren mithin unbegründete Behauptungen über Motive, Bedeu-

---

35 Vgl. ebd.: S. 12.
36 Vgl. ebd.: S. 362 f.
37 Vgl. Lott (2002): S. 8.
38 Vgl. MacIntyre (1988): S. 6 ff.
39 Vgl. ebd.: S. 390.

tungen und Wirkungen von Religion aufstellen. Er macht auf das Problem aufmerksam, in wie vielen Forschungen über den Islam, dieser entweder als theoretisches Objekt aufgelöst oder als von Gläubigen individuell definierbar aufgefasst oder aber als eine distinktive historische Totalität verstanden wird.[40] Asad versucht diese konzeptuelle Schwäche durch eine Beschreibung der Differenzen zu überwinden, auch um die beachtliche Diversität in Glauben und Praxis der Muslime einzubeziehen.[41] Er ruft dazu auf, den Islam so zu verstehen, wie viele Gläubigen selbst, als eine diskursive Tradition, die sich auf die Gründungstexte des Islam – Koran und Hadith – bezieht. Asad definiert den Islam somit als Tradition, die aus einer Reihe von Diskursen besteht, durch welche Gläubige in der korrekten Form und dem Zweck der religiösen Praxis angeleitet werden. Gerade weil diese Praxis etabliert ist, sei sie auch historisch.[42] Er überträgt MacIntyres Definition von Tradition auf den Islam und versucht dadurch, den Islam als Untersuchungsrahmen und nicht als unveränderbare Doktrin oder kulturell spezifische Anordnung zu verstehen.

Die Diskurse innerhalb der Tradition beziehen sich für Asad auf Konzepte einer islamischen Vergangenheit, aber gleichzeitig auf die einer Zukunft mit Relation zu der religiösen Praxis in der Gegenwart. Die Diskurse bestehen dann aus Äußerungen darüber, 1) wann bestimmte Praktiken in der Vergangenheit eingeführt wurden und von woher das angemessene Wissen über diese Praktiken übermittelt wurde. Oder Diskurse werden darüber geführt, 2) wie die Praxis am besten lang- oder kurzfristig in der Zukunft gesichert werden kann oder warum sie verändert oder ausgeschlossen werden muss. 3) Die Diskurse ordnen, wie die gegenwärtige Praxis zu anderen Praktiken, Institutionen und sozialen Bedingungen in Beziehung steht.[43] Den Begriff „Diskurs" versteht Asad weitestgehend im Foucaultschen Sinne, d.h. ein Diskurs ist zunächst als eine Ordnung zu begreifen, die den mit diesem Diskurs vertrauten Subjekten das gemeinsame Denken, Sprechen und Handeln erlaubt. Die Regeln des Diskurses bestimmen für einen bestimmten Zusammenhang oder ein bestimmtes Wissensgebiet, was sagbar ist, was gesagt werden soll, was gesagt werden darf und von wem es wann in welcher Form gesagt werden darf.[44]

Indem Talal Asad Religion selbst als diskursive Tradition beschreibt, wehrt er sich gegen eine universale Definition von Religion, da zum einen die konstituierenden Elemente und Beziehungen von Religion nur

---

40 Vgl. Asad (1996): „The Idea of an Anthropology of Islam", S. 381, 395.
41 Vgl. ebd.: S. 385 ff.
42 Vgl. ebd.: S. 397
43 Vgl. ebd.: S. 398.
44 Vgl. Landwehr (2008): Historische Diskursanalyse, S. 67 ff.

in ihren historischen Bedingungen zu verstehen sind und zum anderen, weil solch eine universale Definition selbst wieder das historische Produkt diskursiver Prozesse ist.[45] Er fordert, Religion als konkretes Muster an Praktiken und Regeln verbunden mit bestimmten Wissens- und Machtprozessen zu beschreiben und ihr nicht, wie gegenwärtig häufig, einen eigenständigen, unabhängigen religiösen Bereich in der Welt zu zusprechen.[46] Denn wenn Religion eine deutlich abgegrenzte eigene Perspektive besitze und eine unersetzbare Funktion erfülle, dann steht sie nicht im Wettbewerb mit anderen Bereichen des Lebens und kann nicht bezichtigt werden „falsches Bewusstsein" zu erzeugen.[47] Im Gegenzug plädiert er dafür, religiöse Symbole nicht unabhängig von ihrer historischen Beziehung zu nicht religiösen Symbolen oder ihrer Artikulation innerhalb und über soziales Leben zu verstehen. Er legt dar, dass religiöse Symbole nicht nur Teil des sozialen Lebens und der politischen Macht sind, sondern verschiedene Arten von Praktiken und Diskursen dem Bereich inhärent sind, in dem religiöse Repräsentationen ihre Identität und Wahrhaftigkeit erhalten.[48] Die Beziehung zwischen religiöser Theorie und Praxis ist für Asad deswegen grundlegend eine Frage der Einmischung, d.h. wie Religion in der Welt – und nicht im Geiste – durch definierende Diskurse konstruiert wird, wahre Bedeutungen interpretiert werden und wie einige Äußerungen und Praktiken ausgeschlossen und andere eingebunden werden.[49]

Für Asad ist somit die Frage ausschlaggebend, durch welche historischen Bedingungen der theoretische Diskurs wirkungsvoll den Anspruch auf Imitation, Ausschluss, Authentizität und Wahrhaftigkeit durchsetzen kann. An anderer Stelle erklärt Asad dann, der theoretische Diskurs befinde sich in dem Bereich der Orthodoxie, in welchem Muslime die Macht haben, korrekte Praxis zu regulieren, zu verteidigen und anzupassen oder unkorrekte Praxis auszuschließen, zu unterbinden und abzulösen. Die orthodoxe Doktrin bezeichnet im Islam den korrekten Prozess des Lehrens sowie die korrekten Aussagen dessen, was gelehrt wird. In diesem Prozess definiert die Orthodoxie auch eine bestimmte Beziehung von Macht. Die Art und Weise, in der die Macht ausgeübt wird, die Bedingungen, die diese Macht ermöglichen und die Widerstände, die sie hervorrufen, sollen, laut Asad, im Mittelpunkt einer Anthropologie des Islam stehen.

---

45 Vgl. Asad (2002): „The Construction of Religion", S. 116.
46 Vgl. ebd.: S. 122.
47 Vgl. ebd.: S. 127.
48 Vgl. ebd.: S. 130.
49 Vgl. ebd.: S. 123.

Die Praxis der orthodoxen Lehre sei dann islamisch, weil sie durch die diskursiven Traditionen des Islam autorisiert ist, d.h. den Gläubigen durch eine Autoritätsperson, wie einem Gelehrten, einem Prediger, einem Sufi Scheich oder durch die Eltern, gelehrt wird. Asad folgert, sobald Menschen über die angemessene Praxis unterrichtet werden, müssen auch die Vernunft, die Argumentation und der Konflikt notwendigerweise in der islamischen Praxis involviert sein. Die Kraft der Argumente und der Konflikt über Formen und Bedeutungen von Praxen ist demnach ein natürlicher Teil der islamischen Tradition. Daraus resultiert auch, dass die Beschreibung und Untersuchung von Argumentationen und von Gründen für die Argumentationen, die einer islamischen traditionellen Praxis zugrunde liegen, die Aufgabe eines Jeden sein muss, der sich mit dem Islam beschäftigt. Hierin sei eine zentrale Ausübung der Macht zu finden und gleichzeitig bedinge und erwidere der Prozess der Argumentation die Tatsache des Widerstandes. Aus diesem Grund seien Macht und Widerstand der Entwicklung und Ausübung jeglicher traditioneller Praxis innewohnend. Eine Anthropologie des Islam müsse dann die historischen Bedingungen untersuchen, welche die Produktion und Aufrechterhaltung spezifischer diskursiver Traditionen oder ihre Transformation ermöglichen, wozu auch die Anstrengungen der Gläubigen zählen, eine Kohärenz zu erzielen.[50] Wichtig ist hier Asads Beschränkung, nicht alles, was Muslime sagen oder tun, als diskursive Tradition des Islam aufzufassen. Ebenso ahmt eine diskursive islamische Tradition nicht bloß nach, was zuvor gesagt oder getan wurde. Doch selbst wenn eine traditionelle Praxis oder Argumentation als rein nachahmend erscheint, sei die Auffassung des Gläubigen darüber, was die zutreffende Ausführung der Praxis ist und wie diese mit den gegenwärtigen Praktiken verbunden ist, ausschlaggebend für die Tradition.[51]

In diesem Zusammenhang spricht Asad sich dafür aus, weniger bestimmte Akteure der Gesellschaft zu untersuchen, sondern vielmehr die sich ändernden Muster institutioneller Beziehungen und Bedingungen. Wenn aber kulturell charakteristische Akteure im Fokus einer Studie stehen, ist es notwendig, die historisch situierten Diskurse der bestimmten Akteure als Antwort auf andere Diskurse zu übersetzen und zu repräsentieren, um ihre Handlungen nicht zu schematisieren und nicht zu enthistorisieren.[52] Die intellektuellen Beiträge einzelner Persönlichkeiten und ihre Wissensproduktion werden in der Forschung besonders häufig unter

50 Vgl. Asad (1996): S. 399-401.

51 Vgl. ebd.: S. 398.

52 Vgl. ebd.: S. 388.

dem Aspekt ins Blickfeld genommen, etwas „Neues“ und „Originelles“ zu erschaffen, das gegen die etablierten Ordnungen gerichtet ist. Gerade religiöse Persönlichkeiten, die ihre Kultur aus einer bestimmten Tradition heraus verstehen, werden oftmals nicht als Intellektuelle wahrgenommen, sondern gegenteilig als jene, die ihre intellektuelle Aufgabe verpasst haben.[53]

Eisenstadt weist schon im Jahr 1972 daraufhin, dass die verbreitete Annahme, Intellektuelle seien gegen die Tradition gerichtet und sehen ihre Rolle vor allem in der Konstruktion einer traditionsfreien Gesellschaft, aufgegeben werden muss: „the critical stance is a condition of the mind which may express itself in assent to and acceptance of tradition, ideas, beliefs and authority as well as in rejection.“[54] Es steht hier außer Frage, dass verschiedene Merkmale einer Tradition die Art und Weise der intellektuellen Aktivitäten beeinflussen. Ein Merkmal ist der spezifische Inhalt der Tradition, d.h. zu welchem Grad es möglich ist, Wandel innerhalb der Tradition zuzulassen, im Gegensatz zu einer Tradition, die als gegeben und statisch empfunden wird. Im nächsten Abschnitt verdeutliche ich deshalb die Definition des Islam als Tradition und stelle das spezifische Traditionsverständnis im Islam vor.

2.2 Tradition und Erneuerung

Die Forschung über die Entstehung und Entwicklung der prophetischen Traditionen im Islam (Sunna und Hadith)[55] und ihre Beziehung zu dem Koran sowie zu der Entstehung des religiösen Rechts ist sehr vielseitig und komplex und kann hier nicht erschöpfend wiedergegeben werden.[56] Ich konzentriere mich auf die islamische Lehre über die prophetische Tradition, ihr Verhältnis zum Koran und ihre Beziehung zu spezifischen Methoden der Erneuerung und Reform innerhalb der islamischen Theorie und Praxis. An dieser Stelle interessiert vor allem die Beziehung zwischen den Materialien, die im Islam als Tradition bezeichnet werden, und

---

53 Vgl. Eisenstadt (1972): „Intellectuals and Tradition“, S. 1.

54 Vgl. ebd.: S. 11.

55 Der Begriff „Sunna“ bedeutet im ursprünglichen Sinne „eine Art zu Handeln“ oder „Brauch“, „Gewohnheit“, vgl. Brown/Juynboll (2010): „Sunna“, in: EI. Die Bedeutung des Wortes „Ḥadīṯ“ ist Tradition. In der Traditionsforschung sind strikte Regeln entwickelt worden bezüglich der Überlieferer, der Art und Gültigkeit der Überlieferung und der Sammlung vor allem anhand philologischer Merkmale, vgl. Robson (2010): „Ḥadīth“, in: EI.

56 Eine gute Einführung und Überblick zu diesem Thema bietet Wael B. Hallaqs (2004): The Formation of Islamic Law, Aldershot: Ashgate Variorum.

den spezifischen Mechanismen von Reform und damit Wandel. Schließlich sind diese schriftlich fixierten Traditionen des Propheten (sunna nabawīya) die Normquelle, aus der Geltungsansprüche auf Recht, Wahrheit, Autorität und Herrschaft abgeleitet werden.

2.2.1 Prophetische Autorität und Erneuerung im Islam

In der Geschichte gab es Anstrengungen, den Koran als einzigartig und unangreifbar zu etablieren, doch frühe Muslime betrachteten den Koran und die Sunna als offenbart und akzeptierten beide Quellen als autoritativ. In der klassischen Periode wurde ein Unterschied in der Form beider Quellen festgesetzt: der Koran ist rezitierte Offenbarung (waḥi matlū) und die Sunna ist nicht rezitierte Offenbarung (waḥi ġair matlū).[57] Damit ist die Sunna keine andere Art der Offenbarung, sondern sie wird unterschiedlich genutzt und übermittelt. Es war und ist auch heute von großer Bedeutung bei der historischen Exegese (tafsīr) und der Interpretation des Koran (taʿwīl), die Sunna heranziehen zu können. Durch die organische Beziehung der Sunna mit dem Koran konnten die Gelehrten beide Quellen virtuell gleich behandeln und somit auch der Tradition völlig fremde Interpretationen des Koran ausschließen.[58] In der Geschichte sind viele Kommentare zu den Hadith Sammlungen, also zu den Aussagen und Taten des Propheten Muhammad, entstanden, welche die Gültigkeit verschiedener Aussagen nachprüfen und kategorisieren sowie interpretieren. Dieser Korpus, dem die legalen Regeln und die ethischen sowie moralischen Anweisungen und Konzepte entstammen, wird allgemein im Islam als Tradition verstanden.

Seit der Mitte des 19. Jahrhunderts ist die prophetische Autorität ein viel debattiertes Thema unter muslimischen Intellektuellen. Daniel Brown bezieht dies zum einen auf die Kolonialerfahrungen muslimischer Gesellschaften, die den Druck für Veränderungen und Anpassungen erhöhten und eine Nachprüfung fundamentaler religiöser Autorität im Islam veranlassten. Die Koran Exegese des ägyptischen Reformers Muḥammad ʿAbduh (1849-1905) gilt bspw. als die erste rationalistische Auslegung, deren Bewertungskriterium die Übereinstimmung zwischen dem Welt- und Menschenbild des Hermeneutikers mit dem der Wissenschaft ist.[59] Eine islamische Reform stellte sich auch als besondere Herausforderung dar, gerade weil Muslime mehr durch Zwang als durch eine freiwil-

---

57 Vgl. Brown (1999): S. 15.

58 Vgl. ebd.: S. 17. Sowie Balic (1998): „Göttliche Wahrheit", S. 352.

59 Vgl. Balic (1998): S. 347.

lige Entscheidung am Projekt der „westlichen Moderne“ beteiligt waren.[60] Die Reformbemühungen des 19. Jahrhunderts sind nicht bloß eine Antwort auf europäische Einflüsse und Dogmen, denn reformerische Bewegungen waren bereits im 18. Jahrhundert lebendig. Diese zeichnen sich durch eine kritische Haltung gegenüber dem klassischen Erbe aus, lehnen die blinde Nachahmung (taqlīd) der herrschenden Doktrinen ab und rufen zu der Wiederbelebung der Sunna als Basis für islamische Reform und Erneuerung auf.[61] Gerade die Wiederbelebung der Hadith Studien und die Konzentration auf frühe Überlieferungen anstatt der klassischen Sammlungen ging einher mit der Kritik an der klassischen Gelehrsamkeit. Die Reformer sahen sich in der Lage, die frühen Sammlungen eigenständig zu studieren, und zeigten damit Interesse, selbst Anstrengungen zu unternehmen, um unter Heranziehung von Koran und Hadith zu eigenen Schlussfolgerungen zu gelangen (iǧtihād).[62] Diese Anstrengungen wurden häufig als religiöse Pflicht (fard ʿain) des gebildeten Muslims interpretiert, um dadurch jedem Muslim zu ermöglichen, eigenständige religiöse Urteile zu fällen, die unabhängiger von religiösen Autoritäten gebildet wurden.[63]

Solche neuen Definitionen und Neuinterpretationen in der islamischen Tradition können zu einer dauernden Erneuerung und Anpassung an die gegebenen Gesellschaftsverhältnisse führen. Abdolkarim Soroush betont, eben nicht die Religion, sondern das religiöse Wissen verändert sich, so dass Erneuerer der Religion nicht als Gesetzgeber (šarīʿan), sondern als Exegeten (šarīḥan) verstanden werden müssen.[64] Die Exegese folgt im Islam ebenso einer bestimmten Tradition, durch welche die Art und Weise dieser Erneuerung kategorisiert und thematisch wie methodisch eingeschränkt wird.[65] Diese Möglichkeit der Erneuerung innerhalb der islamischen Tradition spiegelt das dialektische Zusammenspiel von Vergangenheit und Zukunft wider und ist auch an modernen Reformbewegungen im Islam zu erkennen: Der islamische Feminismus ebenso wie der Fundamentalismus gehen beide auf die Quellen des Islam, Koran und Sunna, zurück, um die Wurzeln der Religion neu zu interpretieren und dabei nicht an Authentizität einzubüßen.[66]

60 Vgl. Asad (1992): „Conscripts of Western Civilization“, S. 340.
61 Vgl. Brown (1999): S. 22.
62 Vgl. ebd.: S. 23 ff.
63 Vgl. Haj (2009): S. 10.
64 Vgl. Soroush (2000): Reason, Freedom & Democracy, S. 31.
65 Vgl. Voll (1983): „Renewal and Reform“, S. 32 ff.
66 Vgl. Mirza (2008): „Islamic Feminism“, S. 30/31.

Islamische Erneuerung ist damit eine historische und kontinuierliche Dimension der islamischen Tradition. Die Konzepte der Erneuerung und Reform im Islam repräsentieren die individuelle und kollektive Anstrengung von Gläubigen, den Islam eindeutig anhand von Koran und Sunna zu definieren. Zwei wichtige Konzepte in dieser Reformtradition sind durch die Begriffe *taǧdīd* (Erneuerung) und *iṣlāḥ* (Reform) wiedergegeben. Beide Konzepte unterstützen die Annahme, Erneuerungsbewegungen als authentischen Teil in der Exegese der islamischen Offenbarung zu verorten. Beide Konzepte sind auch spezifisch religiös, da *iṣlāḥ* nicht bloß mit Reform übersetzt werden kann, sondern vor allem eine Konnotation des moralisch richtigen Handelns und einen Sinn der wirkungsvollen Umformung mit sich trägt. Diese Bedeutung ist mit den Erwähnungen des Begriffes im Koran verbunden, denn *iṣlāḥ* wird dort als Aufgabengebiet der Botschafter Gottes beschrieben und diejenigen, die *iṣlāḥ* betreiben (muṣliḥūn), werden im Koran gepriesen, da sie in Gottes Werk involviert sind. Der Begriff *taǧdīd* ist auch mit der Treue zu Gottes Offenbarung verbunden und hat seinen Ursprung ebenso im Koran. Der Prophet Muhammad habe gesagt, Gott wird zu dieser Umma [Gemeinschaft aller Muslime] zu Beginn jeden Jahrhunderts Menschen senden, die den Glauben für die Umma erneuern werden.

Wichtig ist, beide Konzepte der Erneuerung und Reform sind nur mit der Rückkehr zu den Quellen des Islam umzusetzen. Der authentische islamische Geist kann nur durch die Studien des Koran und der Sunna wiederbelebt werden, die in unveränderlicher Form für die Gläubigen zugänglich sind. Die Erneuerer und Reformer des Islam haben nicht die Aufgabe, eigenständige Innovationen hervorzubringen, denn die Gemeinschaft zur Zeit des Propheten gilt als perfektes Vorbild für alle Zeiten, das zwar nicht eins zu eins wiederbelebt werden muss, aber als reales Utopia das Vorbild für Reformen und Erneuerungen darstellt.[67] Innerhalb dieser Erneuerungs- und Reformtradition erkennt John O. Voll drei thematische Schwerpunkte: Der Aufruf, zu Koran, Sunna und Hadith zurückzukehren und diese strikt anzuwenden; dann die Forderung nach unabhängiger Analyse dieser Schriften (iǧtihād), anstatt die Meinungen der Gelehrten aus vorhergehenden Generationen übernehmen zu müssen (taqlīd); drittens, die Betonung der Authentizität und Einzigartigkeit der koranischen Erfahrungen, im Gegensatz bspw. zum Sufismus. Der Sufismus vertritt eher eine Offenheit für die Universalität religiöser Er-

67 Vgl. Voll (1983): S. 33.

fahrungen und bildete eine eigenständige Grundlage für eine synkretistische Mystik.[68]

Anhand Alasdair MacIntyres und Talal Asads theoretischer Diskussion fasse ich zusammen, dass Tradition nicht die Bindung der Gläubigen an unveränderbare und essentialistische Grundsätze bedeutet, die es um jeden Preis zu erhalten gilt, sondern Tradition bildet vielmehr einen Untersuchungsrahmen, in dem Muslime versuchen, bestimmte Diskurse zu verändern und umzuleiten, um in verschiedenen Epochen unterschiedlichen Herausforderungen und Konflikten zu begegnen. Eine in die Tradition eingebundene Untersuchung bildet sich um einen Korpus an Texten, Abläufen, Argumenten und Praktiken, mittels derer eine andauernde Kohärenz hergestellt werden soll. Dieser Korpus formt dann die Art und Weise islamischer Beweisführung und ausgehend von dieser Art von Diskursen um unterschiedliche Positionen, Funktionen und Aufgaben bezieht der Gläubige sein Wissen.

Die Untersuchung des Korpus, auf den ein Gelehrter sich bezieht, und seiner Art und Weise der Argumentation für und gegen bestimmte Aussagen, kann Aufschluss darüber geben, wie Kontinuität und Wandel innerhalb der diskursiven Tradition erzielt wird. In der diskursiven Tradition des Islam sind reformerische und erneuernde Methoden in Bezug auf die heiligen Schriften bereits enthalten und der Islam kann weder im Sinne der Tradition noch der Schrift als statisch verstanden werden. Bevor ich nun zur Analyse von ʿAbd al-Qādirs Text und seiner Argumentation komme, konzentriere ich mich im folgenden Kapitel auf seine religiöse Praxis, seine Biographie und sein Umfeld.

---

68 Vgl. Weismann (2001b): „God and the Perfect Man", S. 57 und Voll (1983): S. 42. Zu ʿAbd al-Qādirs Reformbemühungen und seiner Beziehung zu Ibn ʿArabīs Erbe siehe Kapitel 3 und 5 in dieser Arbeit.

3. Kontext: ʿAbd al-Qādirs Leben und Werk

Der Entstehungszusammenhang eines Textes spielt eine wichtige Rolle in der Art und Weise, wie Wissen produziert wird. ʿAbd al-Qādirs Argumente, sein individueller Fokus auf bestimmte Themen und das Auslassen wieder anderer Themen und somit seine Produktion von Wissen und Wirklichkeit, ist abhängig von seinem persönlichen Kontext und dem Kontext der islamischen Tradition. Beide Seiten dienen dem Verständnis seines Textes, ohne jedoch eine direkte Wirkung seines Lebens auf seine intellektuelle Produktion zuzulassen. Text und Kontext stehen in einem Austausch miteinander, nicht in einer Abhängigkeit. ʿAbd al-Qādirs Abhandlung stellt nicht nur eine Repräsentation, sondern auch eine Konstruktion der Wirklichkeit dar, weshalb die gesellschaftliche Frage nicht obsolet werden darf: Text und Kontext sollen miteinander amalgamieren.[1]

ʿAbd al-Qādirs Definitionen und Argumentationen liegt eine islamische traditionelle Praxis zugrunde, weshalb ich seine Produktion und Aufrechterhaltung diskursiver Traditionen zusätzlich durch die Beschreibung seines biographischen Kontextes ergänze. Obwohl in dieser Arbeit keine klassische Diskursanalyse zur Anwendung kommt, bietet die Methode der Kontextanalyse nach Achim Landwehr einen sehr guten Einstieg in das Material. Diese Kontextanalyse besteht aus vier Ebenen: der Analyse des situativen, medialen, institutionellen und des historischen Kontextes.[2] Laut Landwehr ist die Vernachlässigung der Religion und der Ideengeschichte in der Religion innerhalb der historischen Diskursanalyse kaum zu übersehen. Gerade Religion könne aufgrund ihrer historischen Bedeutung als Weltdeutungsprinzip wesentlich stärker im Mittelpunkt stehen.[3] Da hier jedoch der einzelne Beitrag zu einem bestehenden und sehr vielfältigem Diskurs untersucht wird, soll ʿAbd al-Qādirs biographisch-intellektueller Hintergrund als weiterer Kontext zu seinem Text dargestellt werden. Diese Kontextanalyse wird eben nicht bloß als Hintergrund zu ʿAbd al-Qādirs Leben und Werk durchgeführt, sondern jene soll seine theologischen und philosophischen Konzeptionen mit seiner sozialen, historischen und geistigen Umgebung in Beziehung setzen.

---

1 Vgl. Landwehr (2008): Historische Diskursanalyse, S. 107.
2 Vgl. ebd.: S. 107/108.
3 Vgl. ebd.: S. 162.

3.1 ʿAbd al-Qādirs biographisch-intellektueller Hintergrund

ʿAbd al-Qādir al-Ǧazāʾirī ist im Jahr 1808 (1222 H.) in dem Dorf Qaiṭana in der Nähe von Muʾaskar rund 80 Kilometer entfernt von der Küstenstadt Oran geboren. Sein Vater Muḥyī ad-Dīn b. Muṣṭafā wird mit dem Titel *šarīf*[4] und *murābiṭ*[5] versehen und führte den lokalen moderaten Qādirīya Orden an. Die Familie beanspruchte, arabischer Abstammung zu sein und durch zwei Linien vom Propheten Muhammad abzustammen: einmal durch al-Ḥasan, den Enkel des Propheten, und dann durch Idris b. ʿAbdallāh, der vermutlich die Stadt Fez in Marokko gründete.[6] ʿAbd al-Qādirs Vater soll in hohem Ansehen bei seinem Gaststamm Banū Hāšim gelebt haben.[7] ʿAbd al-Qādirs Mutter namens Lailā Zahra, die zweite von drei Frauen, war für jene Zeit eine gebildete Frau, sie konnte lesen und schreiben und war im Koran und den Traditionen unterrichtet.[8] Sein Vater unterhielt eine *zawīya*[9] und war als *murābiṭ* vor allem damit beschäftigt, den Koran, islamisches Recht und die Traditionen zu unterrichten, über bestimmte Gesetze interner Angelegenheiten der Gemeinde zu entscheiden und Reisenden Unterkunft zu gewähren. Er schrieb als Gelehrter auch das Handbuch *Iršād al-murīdīn* (Anleitung für die Novizen) für neue Sufi Schüler.[10]

4 Das Wort *šarīf* bezeichnet eine Person, die als Abkömmling der Prophetenfamilie gilt; im engeren Sinne bezeichnet man damit nur die Nachkommen ʿAlī b. Abī Ṭālibs, namentlich die durch Ḥasan b. ʿAlī, vgl. Arendonk (2010): „Sharīf", in: EI.

5 Unter *murābiṭ* versteht man heilige Männer, oft Mystiker, die als Lehrer wirkten, aber in ihrer Person ein hohes religiös-spirituelles Charisma hatten und göttlichen Segen (baraka) verkörperten, vgl. Serauky (1988): „Zu einigen religiös-politischen Vorstellungen ʿAbd al-Qādirs", S. 51 f.

6 Der Anspruch von ʿAbd al-Qādirs Familie den *šarīf* Status zu besitzen, ist von einigen Wissenschaftlern infrage gestellt worden, vgl. Martin (1976): Muslim Brotherhoods, S. 48.

7 Vgl. Shinar (1965): „ʿAbd al-Qādir and ʿAbd Al-Krīm", S. 143, Serauky (1988): S. 52.

8 Kiser (2008): Commander of the Faithful, S. 11. Bei Emerit ist nachzulesen, dass das Bildungssystem in Algerien Anfang des 19. Jahrhunderts sehr effektiv war und auch die Rate an Lese- und Schreibfähigen eher hoch war im Vergleich zu Frankreich, vgl. Emerit (1952): „Un Problème de Distance Morale", S. 128.

9 Eine *zawīya* bezeichnet eine kleine Moschee oder einen Gebetsraum, oft ist dieses Gebäude zugleich das Haus des Scheichs, in dem auch Reisende und Mitglieder der lokalen Sufi Orden versorgt werden, vgl. Katz (2010): „Zawiya", in: EI.

10 Vgl. Tuḥfa (1964): S. 304.

3.1.1 Familiärer Hintergrund und Bildung

ʿAbd al-Qādirs Kindheit war von der frommen Religiosität seiner Familie und der Umgebung innerhalb eines Sufi Ordens geprägt. Bis zum Alter von acht Jahren wurde er in der Obhut seiner Mutter erzogen, sie lehrte ihm Lesen und Schreiben, sowie die rituellen Gebetsabläufe. Danach übernahm sein Vater die Bildung, der ihm in der *zāwiya* eine traditionelle islamische Ausbildung (manqūl) ermöglichte, die Rechtswissenschaft (fiqh), Koranexegese (tafsīr) und Traditionswissenschaft (ḥadīṯ) beinhaltete. Der Text *al-Miqrāḍ al-ḥādd* zeigt ʿAbd al-Qādirs enormen Vorrat an Wissen in unterschiedlichen Fachgebieten auf, zum Teil zitiert er wortwörtlich aus Kommentaren und Abhandlungen.[11] Ich gehe aufgrund dessen davon aus, dass ʿAbd al-Qādirs Studium der klassischen Form von Wiederholung und Erinnerung folgte. Diese Form des Lernens wird nicht als kopflose Wiederholung aufgefasst, sondern als erlernte Fertigkeit, um das Gedächtnis zu verbessern und die Eigenschaften, für die dieses Gedächtnis genutzt werden soll. Die Rezitation ist ein integraler Bestandteil der diskursiven Tradition, da Muslime glauben, der Koran, das gesprochene Wort Gottes, ist ein zu rezitierender Text. Das Rezitieren ist also nicht alleine den Gebildeten vorbehalten, sondern betrifft jeden praktizierenden Gläubigen im alltäglichen Leben.[12] Innerhalb solch einer klassischen Ausbildung anhand von Wiederholung, Erinnerung und dem Verfassen von Kommentaren wurden Studenten auf das Debattieren und Argumentieren vorbereitet.[13]

ʿAbd al-Qādir nahm auch passiv an der Seite seines Vaters an den Zusammenkünften von Männern teil, wodurch er im jungen Alter mit Abläufen und Regeln der Gemeinschaft vertraut gemacht wurde. Später, im Alter von 14 Jahren, schickte sein Vater ihn zu Ṭāhir b. Aḥmad in die Hafenstadt Arzew und zu Sidi Aḥmad b. Ḫuǧa in Oran.[14] Neben der traditionellen Bildung wurde er durch Ṭāhir b. Aḥmad auch in rationalen Wissenschaften (maʿqūl) wie Astronomie, Mathematik, Philosophie, Geschichte und Geographie unterrichtet. Ṭāhir b. Aḥmad war ein Sammler von Büchern und Manuskripten und er ließ ʿAbd al-Qādir Aristoteles, Plato und muslimische Denker wie Ibn Rušd, Ibn Sīna, al-Ġazālī, Ibn Taimīya und Ibn Ḫaldūn lesen. Ṭāhir b. Aḥmad besaß sogar einen Teil

---

11 Vgl. K. 4, S. 62, Fn. 61 in dieser Arbeit.

12 Vgl. Haj (2009): S. 12.

13 Vgl. Asad (1996): S. 399-401. Sowie K. 2, S. 26 in dieser Arbeit.

14 Vgl. Tuḥfa (1964): S. 300. Sowie Kiser (2008): S. 12.

der Sammlung von Aristoteles Schriften zur Logik.[15] Durch Begegnungen mit der europäischen Marine war Ṭāhir b. Aḥmad in der Lage, neue technische Entwicklungen zu erlernen, so dass er seine Sympathien für die Wissenschaft eventuell ʿAbd al-Qādir mit auf den Weg gegeben hat.[16]

Zu Beginn des 19. Jahrhunderts war die Mehrheit der nordafrikanischen Bevölkerung in Sufi Netzwerken organisiert, in denen die Mitglieder sich Loyalität versprachen. In Nord- und Westafrika war der dezentralisierte Sufismus weit verbreitet und der direkte, intime und oft ekstatische Weg der Gottesverehrung galt als akzeptiertes Mittel. Sowohl die Heiligenverehrung als auch die Netzwerke der Sufi Orden stellten eine konzeptuelle wie normative Struktur für die algerische Gesellschaft bereit.[17] Die fünf größten Sufi Orden in Nordafrika waren im 19. Jahrhundert die Raḥmānīya, Qādirīya, Ṭayyibīya, Tiǧanīya und die Darqawīya.[18]

Die Zugehörigkeit zum Qādirīya Orden wurde ʿAbd al-Qādir durch seinen Großvater Muṣṭafa b. Muḥammad (gest. 1797/98) gegeben, der den algerischen Zweig der Qādirīya im 18. Jahrhundert aufbaute, die *zawīya* in Qaiṭana gründete und für den Qādirīya Orden missionierte. Die Qādirīya Orden sind von Nordafrika bis nach Indien sehr unterschiedlich und in Algerien operieren sie absolut unabhängig, doch die Orden der Qādirīya akzeptieren die Leitungsfunktion des Verwalters von al-Ǧīlānīs (1077-1166) Grab in Bagdad, dem Gründer der Qādirīya, und teilen bestimmte Rituale der Einweisung.[19] Anfang des 19. Jahrhunderts war die Qādirīya der beliebteste Orden unter den arabischen Stämmen in der Gegend um Muʾaskar. Muṣṭafa b. Muḥammad gründete die Qādirīya in Algerien, nachdem er selbst nach Bagdad gereist war, um zu dem spirituellen Führer des Ordens zu pilgern und damit seinen Einfluss zu Hause in Algerien zu stärken.[20]

Nach dem Tod von Muṣṭafa b. Muḥammad übernahm sein Sohn Muḥyī ad-Dīn b. Muṣṭafā die Führung des Ordens und der *zawīya*.

---

15 Aristoteles Schriften zur Logik, die er als eine Hilfswissenschaft verstand, sind unter der Anordnung 1. Begriffe, 2. Satzlehre, 3. Syllogismen, 4. Demonstrationen, 5. dialektische Schlüsse und 6. Trugschlüsse in der Spätantike und im Mittelalter studiert worden. Diese Anordnung ist eher dem Bestreben des Herausgebers zu verdanken, als dem Autor selbst. Vgl. Frede, D. (2011): „Aristoteles", in: Der Neue Pauly.

16 Vgl. Commins (1990): S. 26.

17 Vgl. Ruedy (1992): Modern Algeria, S. 29.

18 Vgl. Laremont (2000): Islam and the Politics of Resistance, S. 28.

19 Vgl. Knysh (2000): S. 184 ff. Sowie Danziger (1977): Abd al-Qadir, S. 13.

20 Vgl. King (1992): „Abd Al-Qadir: Nationalist or Theocrat?", S. 137. Laremont (2000): S. 34.

Auch Muḥyī ad-Dīn reiste nach Bagdad, um seine Position in Algerien zu stärken und er nahm seinen Sohn ʿAbd al-Qādir mit auf diese Reise. Mit achtzehn Jahren, im Jahr 1825, ging ʿAbd al-Qādir mit seinem Vater auf Pilgerreise nach Mekka, währenddessen reisten sie auch nach Damaskus und Bagdad, wo sie das spirituelle Zentrum der Qādirīya besuchten. Sie beteten am Schrein des Gründers der Qādirīya und sein Vater erhielt die *ḫirqa* (Initiation),[21] und die *iǧāza* (Lizenz) der Qādirīya vom Leiter des Ordens Sayyid Maḥmūd al-Kailānī.[22] Im Falle von Muḥyī ad-Dīn bestätigte diese *iǧāza* ihn unzweifelhaft als Leiter des Muḫtarīya Zweiges der Qādirīya in seiner Heimat, eventuell mit dem Rang eines *muqaddam* (Leiter/Vorsteher).[23] Muḥyī ad-Dīn stellte als religiöser und politischer Führer territoriale Ansprüche in West Algerien und seine Abstammung ermöglichte ihm Einfluss in der Region, den er nutzte, um seine idrisī-šarīfi Abstammung zu propagieren und einen wiederbelebten Sufismus in der Provinz Oran zu fördern.

Seit die Osmanen durch europäische Ansprüche Teile ihrer Einnahmen durch die See- und Handelswirtschaft in Algerien verloren hatten, versuchten sie, diesen Verlust durch erhöhte Steuern für die Stämme auszugleichen. Der Ärger innerhalb der Stämme über diese Entwicklung fand seine Stimme in dem oppositionellen Diskurs der religiösen Orden gegen die Osmanen und ihre Steuerpolitik. Zwischen 1805 und 1830 eskalierte die Kritik an den Osmanen und es kam zu Aufständen durch die Darqawīya und die Tiǧanīya.[24] Muḥyī ad-Dīn kritisierte ebenfalls die osmanische Herrschaft und obwohl er keinen Aufstand gegen diese leitete, hielt der Repräsentant des Osmanischen Reiches Hasan Bey von Oran einen solchen Aufstand durch die Qādirīya für möglich. Spannungen zwischen der Qādirīya und der osmanischen Be-

---

21 Die Bedeutung des Wortes *ḫirqa* in der Mystik umfasst die Initiation als solche und somit die Übertragung (tanaqqul), in der der spirituelle Lehrer (muršid) dem Schüler (murīd) den Segen vom Prophet Muḥammad überträgt, vgl. Michon (2010): „Khirḳa“, in: EI.

22 Vgl. Tuḥfa (1964): S. 304. Laut Muḥammad al-Bašīr al-Azharī erhielten beide, Vater und Sohn, die *iǧāza* der Qadirīya, vgl. Shinar (1965): S. 144, Fn. 14.

23 Vgl. Tuḥfa (1964): S. 932. Sowie Martin (1976): S. 36, 49. Die Gründungsfigur der Qādirīya, ʿAbd al-Qādir al-Ǧīlānī, war eine herausragende Persönlichkeit des 13. Jahrhunderts. Er war zugleich Vorsteher einer Schule (madrasa) in der Linie der ḥanbalī Richtung und der Leiter eines Sufi Klosters (ribāṭ) in Bagdad. Er war berühmt für seine Predigten und seine einfache Frömmigkeit. Sein Hauptwerk *Ġunya li-ṭālibī ṭarīq al-ḥaqq* (Das, was ausreichend ist für die Sucher des Weges zur Wahrheit) wurde ein berühmtes Handbuch über Recht und Mystik mit Anweisungen für folgende Generationen von Muslimen und Sufis. Vgl. Knysh (2000): Islamic Mysticism, S. 179 ff.

24 Bennison (2002): Jihad and its Interpretations, S. 43, 76.

satzung wurden dann erstmals im Jahr 1823 deutlich, als Muḥyī ad-Dīn Hasan Bey um Erlaubnis fragte, Algerien verlassen zu dürfen, um die Pilgerreise nach Mekka vollziehen zu können. Dieser vermutete dahinter aber eine militärische Operation und verweigerte ihm und seinem Tross die Ausreise. Stattdessen setzte er Muḥyī ad-Dīn und seinen Sohn ʿAbd al-Qādir für etwa zwei Jahre unter Hausarrest.[25]

So erlebte ʿAbd al-Qādir das Unrecht durch die osmanische Besatzungsmacht schon als junger Erwachsener am eigenen Leib. Durch seinen Familienhintergrund war es ʿAbd al-Qādir möglich, sich umfassend in der klassischen Theologie zu bilden und sogar Werke rationaler Gelehrter zu studieren. Seine Zugehörigkeit zum Sufismus war durch die Leitung der *zawīya* durch seinen Vater und Großvater keine Besonderheit. Doch wie genau sein Verhältnis zum Sufismus aussah, möchte ich im Folgenden genauer darstellen.

3.1.2 ʿAbd al-Qādirs spiritueller Weg

Die Informationen, die uns heute über ʿAbd al-Qādirs spirituelle Biographie vorliegen, sind zum Teil unglaubwürdig oder nicht vorhanden, so dass die Frage, wann er sich dem Sufismus zuwandte, schwierig zu beantworten ist. Es steht hier außer Frage, dass er ein gläubiger Muslim war, doch welche Rolle die Spiritualität in seiner Zeit in Algerien gespielt hat und wie seine religiöse Rolle mit seiner politischen in Zusammenhang steht, soll hier kurz erläutert werden. ʿAbd al-Qādir verfolgte eine asketische Lebensweise, was durch verschiedene Berichte und Dokumente bestätigt wird.[26] Seine Hingabe zur Askese (zuhd) war inständig und offensichtlich an seinem Haushalt und seiner Kleidung zu sehen.[27] Obwohl ʿAbd al-Qādir später durch eine französische Pension und andere Vorteile bestückt in Reichtum in Damaskus lebte, war die alltägliche Askese immer noch von großer Bedeutung für ihn.[28] Raphael Danziger macht darauf aufmerksam, dass seine asketische Überzeugung zumindest in Algerien noch mit anderen Beweggründen zusammenhängt. Zum einen bestärkte seine asketische Praxis seinen Anspruch auf

---

25 Laremont (2000): S. 35.

26 In dem Heft *Wišāḥ al-kitāb wa-zīnat al-ʿaskar al-muḥammadī al-ġālib*, das den Aufbau und die Regulationen des Militärs aufzählt, beschreibt der Sekretär Qaddūr b. Muḥammad b. Ruwaila ʿAbd al-Qādirs asketische Lebensweise und Einstellung, vgl. Tuḥfa (1964): S. 120 ff.

27 Vgl. Azan (1925): „L'Emir Abd el Kader", S. 124-127.

28 Vgl. Schilcher (1985): Families in Politics, S. 215 ff. 100,000 französische Franc sind heute ca. eine viertel Million britische Pfund oder um die 315.000 Euro, vgl. King (1997): S. 66.

die Position des *murābiṭ* und zum anderen diente die offensichtliche Ablehnung von weltlichem Besitz seiner politischen Funktion als Steuereintreiber zur Zeit des Widerstandes, denn jegliche Vorwürfe der Selbstbereicherung konnten hierdurch einfacher verneint werden.[29]

Für seine aktive Teilnahme in den Sufi Netzwerken in Algerien vor seiner Emigration nach Frankreich bzw. Damaskus gibt es nicht viele Hinweise. ʿAbd al-Qādir hat nicht häufig an den wöchentlichen Versammlungen (ḥaḍra) der Qādirīya teilgenommen und unser Wissen über seine spirituellen Erfahrungen in Algerien stützen sich auf den fünfzig Jahre später veröffentlichten Augenzeugenbericht des französischen Militärübersetzers und konvertiertem Muslim Léon Roches (1809-1900). Dieser behauptet, ʿAbd al-Qādir habe ekstatische Zustände erlebt,[30] doch die Glaubwürdigkeit von Rochesʿ Bericht muss heute in Frage gestellt werden.[31] Ein anderer Hinweis ist die Beschreibung seines Lobredners nach der Einnahme von al-Midya. Er betitelt ʿAbd al-Qādir mit einem Vokabular aus der islamischen Mystik, als „Pol der Eminenzen" (quṭb al-maʿālī) und „Meister der Zeit" (ṣāḥib al-waqt) oder „Geheimer Bewahrer des inneren und äußeren Wissens, durch den der natürliche Philosoph zurückgewiesen wird" (ḥimā al-ʿilm baṭinan ẓāhirīyan man bihi rudiʿa al-failasūf aṭ-ṭabīʿī).[32] Doch diese Aussagen bestätigen mehr seine Identifikation mit und Eingebundensein in den Sufi Orden, als seine persönliche Spiritualität. Ein weiterer Hinweis über ʿAbd al-Qādirs Spiritualität in Algerien ist aus dem Bericht des syrischen Autors Ǧawad al-Murābiṭ zu entnehmen. Dieser behauptet, ʿAbd al-Qādir habe später selbst dem Vater von al-Murābiṭs Onkel in Damaskus gesagt, dass er seine erste spirituelle Vision (al-ufq ar-rūḥānī) in Gefangenschaft in Frankreich erlebt hat, wo er in Isolationshaft eine spirituelle Krise durchlief.[33]

Einen wichtigen Beitrag hat Michael Chodkiewicz zu diesem Thema geleistet, denn er kann nachweisen, dass ʿAbd al-Qādirs später enge Verbindung zu Ibn al-ʿArabī nicht nur auf intellektueller Ebene bestand. Die Initiation in den Kreis der Akbarīya war ebenfalls eine Familientradition, d.h. ʿAbd al-Qādir hat die *ḫirqa* durch seinen Vater Muḥyī ad-Dīn erhalten, der diese wiederum durch ʿAbd al-Qādirs Großvater Muṣṭafa b.

29 Vgl. Danziger (1977): S. 181 f.

30 Vgl. Shinar (1965): S. 159.

31 Marcel Emerit konnte die Unglaubwürdigkeit von Roches Autobiographie nachweisen und seitdem können Roches Informationen nicht mehr als gesichert gelten, vgl. Emerit (1947): „La légende de Léon Roches", S. 81-105.

32 Vgl. Tuḥfa (1964): S. 191.

33 Vgl. al-Murābiṭ, Ǧawad (1966): at-Taṣawwuf wa'l-Amīr ʿAbd al-Qādir al-Ḥasanī al-Ǧazā'irī, Damaskus. Das Buch war nicht zugänglich, deshalb zitiert nach Danziger (1977): S. 181, Fn. 7.

Muḥammad erhielt, der in die Akbarīya durch den bekannten Reformer, Sufi, Linguist und Lexikographen Sayyid Murtaḍa az-Zabīdī (gest. 1791) in Kairo eingeweiht wurde.[34] Die Linie der Akbarīya wurde seit Ibn al-ʿArabī selbst von Meister zu Schüler durch die Einweihung mittels der *ḫirqa* weitergegeben und sie unterscheidet sich von anderen Linien, indem sie keinen Orden (tarīqa) hervorgebracht hat. Es gibt für den Zeitpunkt von ʿAbd al-Qādirs Einweihung in die Akbarīya keine Hinweise, doch spätestens im Alter von 26 Jahren und vor dem Tod seines Vaters im Jahr 1833 muss die Einweihung stattgefunden haben.[35] ʿAbd al-Qādir erwähnt Ibn al-ʿArabī auch in seiner ersten Schrift, *al-Miqrāḍ al-ḥādd*, was bestätigt, dass er mit seinen Lehren vertraut war (MH S. 186).[36] Er selbst schreibt in seinem *Kitāb al-Mawāqif*, er habe es als Jugendlicher geliebt, die spirituellen Meister zu lesen (KM 13).[37] Es kann also festgehalten werden, dass wir keine Hinweise auf ʿAbd al-Qādirs Spiritualität vor seiner Zeit in Damaskus haben, doch schon in Algerien hat er sich intellektuell mit dem Sufismus beschäftigt.

Durch ʿAbd al-Qādirs familiäre Abstammungslinie und die Position seines Vaters wäre sein Weg als spiritueller Meister schon geebnet gewesen. Dieser Weg ist der *sulūk*, der Weg, der den Schüler Schritt für Schritt mithilfe eines Meisters leitet, bis er selbst zum Meister wird und die folgenden Generationen lenkt. Aus ʿAbd al-Qādirs späterem Werk *Kitāb al-Mawāqif* ergeben sich einige Rückschlüsse auf seine spirituelle Biographie. Chodkiewicz beschreibt, wie ʿAbd al-Qādir seinen spirituellen Weg selbst als den eines *maǧḏūb* versteht, d.h. eines Ekstatischen, der von Gott angezogen wird (KM 18). Im Gegensatz zu einem *sālik*, der in einem langen methodischen Prozess Stufe für Stufe entlang schreitet, kann der *maǧḏūb* mit einem Mal mehrere Stufen überspringen. Ein *maǧḏūb* hat seinen Platz innerhalb der Typologie des Islam, wobei es verschiedene Abstufungen gibt. Die stärkste Form ist gleichzusetzen mit einem „Verrückten", der keine Kontrolle hat und nicht nach der Vernunft handeln kann und dem somit legale Entscheidungen abgesprochen werden.[38] Doch ʿAbd al-Qādirs Ekstase ist eine andere, die er selbst als den besseren Weg beschreibt:

---

34 Vgl. Tuḥfa (1964): S. 929 ff. Sowie Martin (1876): S. 48.

35 Vgl. Chodkiewicz (1995): S. 7 ff. Mehr zu ʿAbd al-Qādirs Verbindung zur Akbarīya und sein mystisches Verständnis in Kapitel 5 dieser Arbeit.

36 Im Folgenden wird die Literaturangabe aus *al-Miqrāḍ al-ḥādd* (MH) mit der Seitenzahl, ggf. Absatzzahl oder Zeilenangabe im laufenden Text angegeben.

37 Im Folgenden wird aus *Kitāb al-Mawāqif* (KM) nicht die Seitenzahl angegeben, sondern die Nummer des Kapitels (mauqif).

38 Vgl. Gramlich (2010): „Majḏhūb", in: EI.

> Ich bin einer von denen, die Allah durch seine Barmherzigkeit erfreut, indem er sich ihnen bekannt gemacht hat und indem er ihnen die wesentliche Realität des Universums bekannt gemacht hat, durch eine ekstatische Entzückung (ǧahba) mehr als durch den Weg des Reisenden (sālik) (KM 18).

Zugleich kommentiert er den Weg des *sālik* als den höchsten und perfektesten. Um als *maǧḏūb* Perfektion zu erreichen und andere Schüler leiten zu können, müsse man sich zu einem Lehrling machen und die Stationen Schritt für Schritt durchlaufen, auch wenn der Zweck der einzelnen Stufen erkannt wurde.[39] Auch ʿAbd al-Qādir selbst war kein Schüler ohne Lehrer, sein erster Lehrer war sein eigener Vater innerhalb der Qādirīya. Und im Laufe seines Lebens traf er auf interessante und einflussreiche Persönlichkeiten, bei denen er lernte und die ihm eine bestimmte islamische Praxis vermittelten. Während seiner zweiten Hadsch im Jahr 1862 wurde er in die Šāḏilīya durch Scheich Muḥammad b. Masʿūd al-Fāsī (gest. 1872) aufgenommen und schwor dem Scheich unerwartet einen Eid der Verbindung (baiʿa), d.h. er begab sich in hohem Alter und mit seinem Gelehrtenstatus wieder in die Stellung des Schülers (murīd).[40] Später wurde ʿAbd al-Qādir noch in die Maulawīya in Syrien durch Scheich Darwīš Ṣabrī aufgenommen.[41] Während ʿAbd al-Qādirs erster Pilgerfahrt im Jahr 1825 schlossen er und sein Vater sich einer Pilgergruppe nach Damaskus an und auf dem Weg trafen sie den berühmten Sufi, Scheich Ḫālid an-Naqšbandī (1780-1827). Diese Begegnung stellt insofern eine Besonderheit dar, weil Scheich Ḫālid an-Naqšbandī eine eigene Erneuerung des islamischen Denkens entwickelte. Wie sich diese religiöse Erneuerung gestaltete, lege ich im nächsten Abschnitt dar.

3.1.3 ʿAbd al-Qādirs Begegnung mit Scheich Ḫālid an-Naqšbandī

Nachdem ʿAbd al-Qādir und sein Vater in Damaskus eintrafen, blieben sie vier Monate in einer der Moscheen, die Scheich Ḫālid zur Verbreitung des Naqšbandīya – Ḫālidīya Ordens nutzte, und lernten dort die Naqšbandī Rituale und Gebete.[42] ʿAbd al-Qādir traf also in jungen Jahren den legendären Scheich Ḫālid, der zum Reformflügel des Naqšbandīya Ordens gehörte. Scheich Ḫālid ist in der kurdischen Gegend Shahrizūr (Irak) geboren. Im Alter von 29 Jahren ging er nach Indien

---

[39] Chodkiewicz (1995): S. 10.

[40] Mehr zu der Begegnung zwischen ʿAbd al-Qādir und Scheich Muḥammad Ibn Masʿūd al-Fāsī in: Makhlouf (2005): „The Legacy of Shaykh Muhammad al-Fasi al-Shadhili“, S. 271.

[41] Vgl. Tuḥfa (1964): S. 694 ff. Shinar (1965): S. 158.

[42] Vgl. Commins (1988): S. 127.

und studierte unter anderem in Delhi mit dem Sohn des bekannten Reformers Šāh Walī Allāh. Bekannt wurde Scheich Ḫālid jedoch nicht in Kurdistan, sondern erst in Damaskus, wo er sich im Jahr 1811 niederließ und den Rest seines Lebens verbrachte. Dort propagierte er eine strikte Rückkehr zu den Schriften des Islam und besonders eine strikte Befolgung der Regeln der Schariʿa.[43] Er leistete einen wichtigen Beitrag zum islamischen Denken des 19. Jahrhunderts, vor allem in Bezug auf die Verteidigung gegen das europäische Vordringen. Scheich Ḫālid beeinflusste bspw. direkt den Scheich Šāmil Daġistānī, ein Naqšbandī Leiter, der im 19. Jahrhundert einen langen Krieg gegen Russland im Kaukasus führte.[44] Aus den wenigen Schriften des Scheich Ḫālid interpretiert Butrus Abu-Manneh, dass zwei Mitteilungen im Vordergrund seiner Lehre stehen: einmal die Feststellung, die Umma habe einen falschen Weg eingeschlagen, und damit verbunden die Aufforderung, die Zeit des Propheten und seiner Anhänger als Ideal für sunnitische Muslime zu erheben, um dadurch den richtigen Weg zu finden. Zum anderen, die Umma sei den falschen Weg gegangen, da ihre Herrscher Fehler gemacht haben und es verfehlt haben, der Schariʿa in Gesellschaft und Staat als oberster Regel zu folgen.[45] Diese Begegnung mit Scheich Ḫālid und die Einweihung in die Naqšbandīya – Ḫālidīya muss den jungen ʿAbd al-Qādir beeindruckt haben. Inwieweit er jedoch von Scheich Ḫālid beeinflusst war, ist schwer zu eruieren. Die Reise dauerte insgesamt zwei Jahre und im Jahr 1827 kamen sie zurück nach Algerien.

ʿAbd al-Qādir ließ sich nieder, um sein Leben dem Studium zu widmen, doch um Muʾaskar brach durch den französischen Einmarsch in Algerien und den Zusammenbruch des Osmanischen Reiches eine Stimmung der Anarchie aus. Die Stämme um Muʾaskar wählten Muḥyī ad-Dīn zum Führer des Dschihad und ʿAbd al-Qādir gab seine Pläne auf, um dem Kampf beizutreten.[46] Nach anfänglichen Zweifeln aufgrund seines jugendlichen Alters wurde ʿAbd al-Qādir im November 1832 im Alter von 24 Jahren durch die *baiʿa* (Huldigung) ins Amt genommen.[47] Seit dem Herbst 1832 bis zum Dezember 1847 organisierte ʿAbd al-Qādir als Amīr al-Muʾminīn[48] (Befehlshaber der Gläubigen)

43 Vgl. Hourani (1981): The emergence, S. 82 ff.

44 Vgl. Martin (1976): S. 49.

45 Vgl. Abu-Manneh (1982): „The Naqshbandiyya –Mujaddidiyya", S. 13 ff.

46 Vgl. Shinar (1965): S. 144, Commins (1988): S. 127.

47 Vgl. Bennison (2002): S. 81.

48 Von den Leuten wurde er meistens mit Sultan angesprochen, doch in Briefen ʿAbd al-Qādirs an den Sultan von Marokko, ʿAbd ar-Raḥmān, bezeichnete er sich selbst als Amīr, vgl. Azan (1925): S. 142.

den Zusammenschluss arabischer Stämme in Algerien und den Dschihad gegen die Franzosen. Im Folgenden gehe ich kurz auf die militärische und politische Rolle ʿAbd al-Qādirs ein. Interessant im Kontext dieser Arbeit ist besonders die Beziehung zwischen seiner religiösen Überzeugung und seinem Widerstand gegen den Kolonialismus.

3.1.4 Die Schariʿa als staatsführendes Prinzip

ʿAbd al-Qādir wählte als gesetzliche Grundlage des staatlichen Gebildes die Schariʿa und als Ideal galt ihm die Gemeinschaft Muhammads in Medina. Damit ging er zu dem Vorbild der gläubigen Vorfahren zur Zeit des Propheten zurück. Dies wird deutlich in der Symbolik von Namen, Abfolgen und Orten, in der ʿAbd al-Qādir sich an die Vorgaben durch den Propheten Muhammad hielt: Die Huldigung fand im Jahr 1832 unter einer „heiligen" Ulme statt, wie der Prophet unter diesem Baum seine Anhänger im Kampf unter seiner Führung bestärkte.[49] Als er dann nach seiner Wahl zum Führer in Muʾaskar eintraf, erklärte ʿAbd al-Qādir, er regiere mit dem Koran in seiner Hand. In den schriftlichen Ankündigungen seiner Wahl für die Stämme der Araber und Berber erklärte er, die kanonische Strafe *ḥudūd* zu installieren, versprach aber gleichzeitig, nichts einzuführen, was nicht durch die Schariʿa legitimiert sei.[50] In seinen Briefen an andere Stämme drückte er aus, dass es sein ultimatives Ziel ist, die mohammedanische Gemeinschaft zu vereinen und die Rituale des Propheten zu beachten.[51]

Die politische Loyalität definierte ʿAbd al-Qādir in religiöser Sprache, wenn er seine Gefolgsleute als Muslime bezeichnete und seine Gegner als *ḫawāriǧ* (Separatisten) und *murtaddīn* (Apostaten) und *ahl al-fasād* (Leute des Aufruhrs) ansprach. Die Bezeichnung *murtadd* verwendet er für diejenigen, die ihm ihre Gefolgschaft zusagten und später davon abfielen. Mit dieser Bezeichnung suggeriert ʿAbd al-Qādir eine Verbindung zwischen seinem Unternehmen und der frühen muslimischen Gemeinde, denn die politische Opposition nach Muhammads Tod wurde als Abfall von dem neuen Glauben kategorisiert. Die Bezeichnungen *ḫawāriǧ* und *ahl al-fasād* stammen aus dem Wortschatz der marokkanisch-alevitischen Kultur, womit nicht bloßer Ungehorsam gegenüber dem Sultan gemeint war, sondern Ungehorsam und Widerstand gegen den Islam selbst.[52] Indem

49 Vgl. Tuḥfa (1964): S. 155.
50 Vgl. Shinar (1965): S. 145, Tuḥfa (1964): S. 161.
51 Vgl. Tuḥfa (1964): S. 162.
52 Bennison (2002): S. 79.

unter ʿAbd al-Qādirs Herrschaft Wein, Spielen und Rauchen verboten war, das fünfmalige Beten in der Moschee, und nicht im Privaten, bei Unterlassen unter Strafe stand und Frauen das Betreten der Moschee untersagt wurde, sollte auch im Geiste des Koran eine moralische Erweckung der Leute erzielt werden, um sie so auf den Weg der frommen Vorfahren (salaf) zurückzuführen.[53] Ein weiteres Beispiel für die religiöse Konnotation in ʿAbd al-Qādirs Staatsgefüge ist die Einführung einer beratenden Versammlung (mağlis), die aus namenhaften Stammesmitgliedern, *murābiṭūn* und *ʿulamāʾ* (Geistlichen), bestand. Diese trafen sich unregelmäßig in Muʾaskar, um in wichtigen Angelegenheiten zu beraten. Diese Art der Versammlung erinnert an die frühislamische Praxis der *šūrā* (Beratung), wobei diese Zusammenkünfte, als vergrößerte Treffen der Stämme, schon vor ʿAbd al-Qādirs Herrschaft vorhanden waren.[54]

Danziger demonstriert in seiner Studie, dass für ʿAbd al-Qādir nicht nur die Gesetzgebung der Schariʿa die Grundlage seines Staates bildete. ʿAbd al-Qādir hielt sich bei der Formung eines staatlichen Gebildes unter den Bedingungen der Schariʿa an eine lange bestehende Doktrin unter muslimischen Führern: Alles ist erlaubt, was dem Staat Macht verschafft.[55] Ein Beispiel ist die Administration des Staates, die nach strikt hierarchischen Prinzipien funktionierte. ʿAbd al-Qādir selbst stand als Amīr an der Spitze der Regierung und das Gebiet war in acht Provinzen (ḫalīfalik) eingeteilt, die jeweils von verschiedenen Funktionären kommandiert wurden.[56] Nur die acht direkten Stellvertreter bezahlte ʿAbd al-Qādir, die anderen Verwalter der Distrikte und Stämme erhielten ihr Einkommen durch die Steuern, die sie eintrieben. Durch diesen Umstand konnte ʿAbd al-Qādir gewährleisten, dass Steuern in den Staatsapparat fließen und gleichzeitig die Bezahlung der Administration geregelt ist.[57] Eine pragmatische Lösung, die wenig auf die Art und Weise der Steuereinnahme achtet und die hierarchische Machtaufteilung stärkt.

Die Legitimation seiner Funktion als Amīr war letztendlich durch den Dschihad gegeben. Diese Position legalisierte er auch durch die is-

---

53 Frauen wurden sogar mit einer Ockerfarbe markiert, wenn sie gegen das Moschee Verbot handelten, vgl. Shinar (1965): S: 150, Tuḥfa (1964): S. 310. Inwieweit die Schariʿa das Leben der Gemeinschaft tatsächlich bestimmt hat, kann aber nicht aus den Quellen geschlossen werden. Im Vergleich zu modernen industriellen Gesellschaften hat die Schariʿa nur einen Bruchteil des sozialen Lebens geregelt. vgl. Asad (1996): S. 396.

54 Bennison (2002): S. 80.

55 Vgl. Danziger (1977): S. 184.

56 Vgl. Tuḥfa (1964): S. 166.

57 Vgl. Danziger (1977): S. 185 ff.

lamische Rechtspraxis. In drei Gegebenheiten fragte ʿAbd al-Qādir zwei muslimische Autoritäten, ihm Rat in politisch-legalen Punkten zu erteilen. Deren Antworten wusste er schon, denn er selbst verfasste eine kurze Abhandlung über einige dieser Punkte im Jahr 1842/43 unter dem Titel *Risālāt al-aʿyān* (Die Abhandlungen bedeutender Persönlichkeiten).[58] Für Bradford Martin wirft diese Abhandlung ein Licht auf die Punkte, die für ʿAbd al-Qādir fundamental waren und die gleichzeitig seine konservative Seite verdeutlichen. Martin bewertet diese Abhandlung als das bedeutsamste uns vorliegende Schreiben ʿAbd al-Qādirs, da es einen wertvollen Beitrag zur islamischen Theorie leistet, die von klassischen Gelehrten nicht berührt wurde.[59]

Das Thema seiner Risālāt ist die Emigration (ḥiǧra) aus feindlich kontrollierten Gebieten, die im 19. Jahrhundert zu einem dringenden legalen Problem erwuchs. Denn die klassischen Abhandlungen zu diesem Thema beurteilen aus der Perspektive, dass das islamische Territorium sich ausbreitet oder konstant bleibt und nicht unter den Bedingungen des Kolonialismus. Die Franzosen definierte ʿAbd al-Qādir als Ungläubige und Feinde des Islam.[60] Während der Verhandlungen des Tafna Abkommens im Jahr 1837 konnte er nicht zulassen, Muslime, die ihm folgten, unter französischer bzw. christlicher Herrschaft leben zu lassen. Da er jedoch nicht verhindern konnte, dass Frankreich muslimisches Gebiet einnimmt, argumentierte er zu Gunsten der Emigration in muslimische Länder. Seine Begründung baut auf dem Koran, mündlichen Überlieferungen und autoritativen legalen Meinungen auf.[61] Danach war es die erste Pflicht eines jeden Muslims, feindliches Gebiet zu verlassen und in ein islamisches Gebiet zu emigrieren. Jede Person, die körperlich in der Lage war zu emigrieren und dies nicht befolgte, war ein zweifelhafter Muslim oder sogar ein Ungläubiger.[62] ʿAbd al-Qādir hat mit dieser Position ein neues und dringendes Problem der islamischen Umma zu lösen versucht und bewiesen, dass er genügend rechtliches und politisches Wissen besitzt, um solch eine Abhandlung gemäß der Tradition und des Koran zu erstellen. Nach Danziger verweist ʿAbd al-Qādirs Umgang mit diesem Problem mehr auf seine pragmatische Einstellung.

---

58 Für die Wiedergabe der Abhandlung *Risālāt al-aʿyān* siehe Tuḥfa (1964): S. 411-422. Für ʿAbd al-Qādirs Fragen und die Antwort des Qāḍī at-Tassulīs siehe Tuḥfa (1964): S. 316-331. Für die Antwort des Qāḍī al-ʿAlawī siehe Tuḥfa (1964): S. 384-389. Für eine kurze Besprechung dieser Stellungnahmen siehe Peters, Rudolph (1979: Islam and Colonialism, S. 53-62.

59 Vgl. Martin (1976): S. 65 ff.

60 Vgl. Tuḥfa (1964): S. 286, 306.

61 Der Text ist vollständig abgedruckt in: Tuḥfa (1964): S. 268-276.

62 Vgl. Martin (1976): S. 67.

Als es bspw. um die Aufgabe von Mustaganem ging, ein Gebiet, das Frankreich nicht abgeben wollte, obwohl es nach dem Tafna Abkommen ʿAbd al-Qādir zufallen sollte, schrieb ʿAbd al-Qādir an den französischen Repräsentanten Juda Durant: „As for Mostaganem, we shall not remain there and we have no interest in it, even if the muslim inhabitants remain subjugated to the French government“.[63] ʿAbd al-Qādirs Sorge um die Muslime steht hier also klar hinter seinen pragmatischen Interessen als Politiker und Kriegsführer.

Seine Einstellung gegenüber den Europäern als Ungläubige ist auch in erster Linie vor dem Hintergrund der Invasion der Europäer und dem Dschihad zu verstehen. ʿAbd al-Qādir selbst hatte vor seiner Zeit in Frankreich sehr wenig persönlichen Kontakt zu Europäern oder Christen, nur dann, wenn er sich in offiziellen Situationen befand oder mit Gefangenen und Deserteuren Umgang hatte. Eine Ausnahme stellt Léon Roche dar, der jedoch zum Islam konvertierte und erst danach in engerem Kontakt mit ihm stand.[64] Léon Roche berichtet dann auch, für ʿAbd al-Qādirs Verhalten sei es beispielhaft, in Gegenwart eines Christen seine Augen auf den Boden zu richten und seine Erscheinung zurück zunehmen.[65] Diese Beschreibung prägt bis heute die Wahrnehmung von ʿAbd al-Qādir als einen fanatischen Muslim. Andere Berichte stellen ihn ganz anders dar. Während seiner Widerstandszeit hatte er sich bspw. einen Namen damit gemacht, seine französischen Gefangenen gut zu behandeln. Auch war er gewillt, Gefangene auszutauschen, wozu er mit christlichen Klerikern in Verbindung trat. In diesem Zusammenhang nahm im Jahr 1841 der Bischof von Algerien, Antoine-Adolphe Dupuch, erstmals Briefkontakt zu ʿAbd al-Qādir auf, der ihn später auch in Gefangenschaft in Frankreich besuchte und eine Freundschaft mit ʿAbd al-Qādir entwickelte.[66] Danziger stellt zurecht die Frage, ob der Betrachter ʿAbd al-Qādirs Umgang mit den Europäern und seine Einstellung gegenüber Christen und Juden nicht unter pragmatischen Gesichtspunkten verstehen muss. Sonst geht er das Risiko ein, ʿAbd al-Qādir so darzustellen, wie er sich selber repräsentiert hat und nicht so, wie er tatsächlich war.[67] Sein Pragmatismus kommt in erster Linie in seinem Militärapparat zum Vorschein. Diesen Eindruck werde ich im Folgenden erläutern.

---

63 zitiert nach Danziger (1977): S. 183, Z. 29-32.

64 Vgl. Shinar (1965): S. 157.

65 Vgl. Azan (1925): S. 125.

66 Vgl. Werner (2010): „Prince of Brotherhood“, in: Saudi Aramco World Online.

67 Vgl. Danziger (1977): S. 183 ff.

3.1.5 Das Militär: Ein Versuch der Modernisierung

Im Zuge des Widerstandes gegen Frankreich hatte ʿAbd al-Qādir ein modernes und gut organisiertes Heer nach europäischem Vorbild aufgebaut.[68] Durch die Stärkung des regulären Militärs, interne Disziplinierungsmaßnahmen, die Errichtung von Waffenfabriken und einem stehenden, organisierten Heer, trainiert in moderner europäischer Taktik, sollte den Europäern ihr potentieller Vorteil genommen werden.[69] Diese Art von Militär gab es Anfang des 19. Jahrhunderts in der islamischen Welt nur unter Aḥmad Bey aus Tunesien, Muḥammad ʿAlī in Ägypten und dem osmanischen Sultan Maḥmūd II. ʿAbd al-Qādir kam auf seiner Pilgerreise nach Mekka im Jahr 1825 durch Ägypten und hat dort wahrscheinlich über den Aufbau von Muḥammad ʿAlīs Militär Kenntnis genommen. ʿAbd al-Qādirs Militär entsprach auch im Stil, jedoch nicht in der Größe, dem vom Muḥammad ʿAlī.[70] Solch eine reguläre Armee war für Algerien eine Neuheit, denn unter den Osmanen war es nur Türken und Halb-Türken, den Quloġlīs, erlaubt, in der Armee zu dienen. Araber und Berber konnten sich nur in ihren Stämmen militärisch organisieren.[71]

Auch innerhalb der Armee hat ʿAbd al-Qādir einige Neuerungen eingeführt. Neben den zuvor erwähnten Modernisierungen hat er auch die Administration bürokratisiert. Zum ersten Mal wurden die Truppen geordnet registriert und es wurden Lagerhallen für Nahrungsmittel und auch Kriegsmaterial errichtet, in denen detailliert Buch geführt wurde. Zusätzlich versuchte ʿAbd al-Qādir eine industrielle Produktion von Kanonen aufzubauen. Doch diese Versuche sind gescheitert, da Qualität und Quantität der Produkte nicht den notwendigen Standards entsprach. Nur die Herstellung von Bajonetten, Kanonen und Waffen, die unter europäischer Anleitung stattfand, stellt eine tatsächliche Neuerung und Modernisierung dar, die es zuvor unter den Osmanen nicht gegeben hat.[72]

---

68 ʿAbd al-Qādirs Sekretär Qaddūr b. Muḥammad b. Ruwaila schrieb ein Heft unter dem Titel *Wišāḥ al-kitāb wa-zīnat al-ʿaskar al-muḥammadī al-ġālib*, das den Aufbau und die Regulationen des Militärs beschreibt, vgl. Tuḥfa (1964): S. 120. Es wurde mehrmals in Französisch herausgegeben und von F. Patorni unter dem Titel *Réglements militaires* im Jahr 1890 in Französisch und Arabisch veröffentlicht, vgl. Shinar (1965): S. 146.

69 Vgl. Danziger (1977): S. 189, 199 ff.

70 Vgl. Bennison (2002): S. 80.

71 Vgl. Danziger (1977): S. 189.

72 Vgl. ebd.: S. 199 ff.

Wie der gesamte Staatsapparat war auch das Militär durch einen offensichtlich religiösen Charakter geprägt. Die Infanterie benannte er „mohammedanische Armee" (al-ʿaskar al-muḥammadī), Inschriften und Münzen enthielten koranische Verse. Auch die religiöse Disziplinierung war äußerst streng, die fünf täglichen Gebete mussten in Gemeinschaft abgehalten werden.[73] Dieser religiöse Charakter war aber keine Besonderheit, denn allgemein waren die antikolonialen Widerstandsbewegungen in der islamischen Welt in der frühen Phase der kolonialen Ausbreitung durch religiöse Bewegungen organisiert und folgten der Doktrin des Dschihad, um die Bevölkerung zu mobilisieren und den Kampf gegen die westlichen Mächte zu begründen. Rudolph Peters hebt hervor, dass Anfang des 19. Jahrhunderts Religion die einzige Möglichkeit bot, die Leute zu vereinen und eine Art von staatlicher Gemeinschaft zu begründen, denn Solidarität aufgrund von Ethnie oder Kultur wie im Nationalismus hatte zu diesem Zeitpunkt noch keinen Bestand. Religion dominierte in diesen Gesellschaften die ideologische Struktur und somit auch die Politik und das Militär.[74]

ʿAbd al-Qādirs Kontakt zu europäischem Gedanken- und Kulturgut vor seiner Zeit in Frankreich beschränkte sich auf die Übernahme von Entwicklungen und Ideen technischer, materieller und administrativer Natur. Daraus lässt sich aber ableiten, dass ʿAbd al-Qādir angesichts des Kolonialismus den Fortschritt in technischer und materieller Hinsicht für notwendig hält.[75] Doch ʿAbd al-Qādir hatte kein Interesse nach Europa zu reisen. Er lieferte sich den Franzosen im Jahr 1847 unter der Bedingung aus, entweder nach Alexandria (Ägypten) oder ʿAkkon (Palästina) emigrieren zu können. Im zweiten Teil dieser Kontextanalyse beschreibe ich ʿAbd al-Qādirs Situation in Frankreich und seinen Anlass den Text *al-Miqrāḍ al-ḥādd* zu verfassen.

3.2 ʿAbd al-Qādirs Situation in Gefangenschaft

Als ʿAbd al-Qādir gegenüber Frankreich kapitulierte, ließ die französische Regierung ihn glauben, offen für Verhandlungen zu sein und ihn mit Würde und Respekt zu behandeln sowie ihm zu erlauben, in den Osten weiterzureisen.[76] ʿAbd al-Qādir waren die Folgen seines Vertrauens gegenüber Frankreich nicht bewusst, als er sich mit ungefähr hun-

73 Vgl. Shinar (1965): S. 146 ff.

74 Vgl. Peters (1979): Islam and Colonialism, S. 151 ff.

75 Vgl. King (1997): S. 64 f., Commins (1990): S. 26, Bennison (2002): S. 80.

76 Vgl. King (1992): S. 143.

dert Familienmitgliedern, Anhängern und Freunden auf eine zweitätige Seereise von Oran nach Toulon machte. Am 29. Dezember 1847 erreichten sie Toulon und anstatt Proviant nachzuliefern und die Reise in den Osten fortzusetzen, kamen ʿAbd al-Qādir und seine Begleiter in eine Quarantäne-Station auf einer Halbinsel südlich des Hafens. Ab diesem Zeitpunkt wurden ʿAbd al-Qādir und sein Gefolge für fünf Jahre, bis zum 16. September 1852, in Gefangenschaft gehalten. Bis zum 23. April 1848 blieben die Gefangen in Toulon. Sie lebten unter Beobachtung und hinter vergitterten Fenstern in der Festung LaMalgue.[77]

ʿAbd al-Qādir war dem französischen König nun völlig ausgeliefert und konnte nur auf dessen guten Willen hoffen. Es gab auch öffentliche Stimmen, wie die des Prinzen zu Moskau, die für die Freilassung ʿAbd al-Qādirs plädierten.[78] Doch der neue Druck der öffentlichen Meinung in Frankreich schien es unmöglich zu machen, ʿAbd al-Qādir zu entlassen. In dem zu jener Zeit recht populärem Magazin *La Revue des Deux Mondes* wird diese Volksstimme wie folgt ausgedrückt:

> Il nous parait impraticable qu'il soit envoyé à Saint-Jean-d'Acre ou à Alexandrie, comme il en avait témoigné le désir; le sentiment public se prononce à cet égard d'une manière sur la quelle le ministère ne saurait se méprendre. Laisser Abd-el-Kader planter sa tente en orient, ce serait laisser s'établir en vue et à proximité des nos possessions d'Afrique un foyer de conspirations permanentes aussi dangereuses que l'état de guerre.[79]

Die französische Bevölkerung empfand ʿAbd al-Qādir als höchst gefährlichen Feind und nur seine Inhaftierung wurde als sichere Lösung begriffen, um einem erneuten Angriff entgegen zu wirken. Anfang des Jahres 1848 löste sich dann die französische Monarchie auf und am 26. Februar wurde die Zweite Republik ausgerufen. Später, am 10. Dezember desselben Jahres, wurde Prinz Louis Napoléon Bonaparte (1808-1873) zum Präsidenten gewählt und vier Jahre darauf zum Kaiser ausgerufen.[80] Seit ʿAbd al-Qādir sich Frankreich ausgeliefert hatte, war seine Zukunft unsicher. Der Zusammensturz der Monarchie war für ihn eine unglaubliche Entwicklung, die er nur schwer begreifen konnte. Doch er passte sich an die Situation an, wie in einem Brief ʿAbd al-Qādirs an Emile Ollivier (1825-1913), dem neuen Beauftragten des Ministeriums für Krieg, deutlich wird. ʿAbd al-Qādir lobt in diesem die Einheit der Franzosen durch deren gemeinsames Ziel, das Gerechtigkeit ist. Die Politiker dieser neuen Republik würden dafür sorgen, nie wieder

---

77 Vgl. Etienne (1994): S. 221 ff., King (1992): S. 143 ff.

78 Vgl. Blunt (1947): Desert Hawk, S. 227.

79 *La Revue des Deux Mondes* (1848): S. 370.

80 Vgl. Kiser (2008): S. 232, 241.

Ungerechtigkeit und Unterdrückung in Frankreich zu zulassen.[81] In dieser Lobpreisung zeigen sich seine Ohnmacht gegenüber Frankreich und seine verzweifelte Hoffnung auf Freilassung.

Im April 1848 verlegten die zuständigen Behörden die Gefangenen nach Pau, wo ᶜAbd al-Qādir sich dann noch intensiver dem Studium widmete. Zwei Tage die Woche empfing er Gäste, die restliche Zeit brachte er mit dem Studium zu. Der Tagesablauf war organisiert und gemäß den Gebetszeiten aufgeteilt. Im November 1848 wurden die Gefangenen ein zweites Mal verlegt, von Pau nach Amboise in Bordeaux. Hier verbrachten ᶜAbd al-Qādir und seine Leute die folgenden vier Jahre der Gefangenschaft.[82]

Neben ᶜAbd al-Qādirs seelischer Verfassung, die unbestritten von Schuldgefühlen gegenüber seiner Familie und seinen Freunden, der Erniedrigung durch Frankreich sowie durch den Verlust von Familienmitgliedern geprägt war, waren diese fünf Jahre Gefangenschaft von einer Hingabe zum Studium, Beten, Meditieren und Debattieren charakterisiert. Noch in Toulon, zur Zeit der Revolution, war ᶜAbd al-Qādir durch eine aufgezwungene Isolation bestraft. In dieser Phase soll er seine spirituelle Krise erlebt haben, die ihn näher zu dem Sufismus Ibn al-ᶜArabīs gebracht hat.[83] Es ist nicht bekannt, ob er Werke von ihm zur Hand hatte,[84] doch wie zuvor erwähnt, war er mit seiner Lehre schon als Jugendlicher vertraut. In Gefangenschaft hatte er einige Bücher bei sich, doch seine Bibliothek und gesammelten Manuskripte wurden durch französische Soldaten zerstört und bei der Einnahme der Zemāla (Zeltstadt) verbrannt.[85] In der Biographie *Tuḥfa az-zāʾir* seines Sohnes Muḥammad sind folgende Werke aufgelistet, die er in Frankreich zum Studium zur Verfügung hatte.[86] Zum einen besaß er das Werk *aṣ-Ṣuġrā* von Abū ᶜAbdallāh as-Sanūsī (1435-1490) über die *kalām* Theologie. As-Sanūsīs Werk ist über die Jahrhunderte eine Quelle des Studiums und der Inspiration geblieben. In Ägypten wurde es in der al-Azhar Universität bis in die Zeit der frühen kulturellen und sozialen Reformbewegung Salafiya unterrichtet.[87]

---

81 Vgl. King (1995): S. 142.

82 Vgl. King (1995): S. 144, Etienne (1994): S. 236.

83 Vgl. Weismann (2001c): S. 150, Tuḥfa (1964): S. 514-530.

84 Ibn al-ᶜArabī hat mehrere hundert Abhandlungen verfasst und sein Hauptwerk, *Futūḥāt al-makkīya*, umfasst fünfzehntausend Seiten, vgl. Chodkiewicz (1995): S. 7.

85 Vgl. ebd.: S. 7.

86 Vgl. Tuḥfa (1964): S. 529-530.

87 As-Sanūsī war ein nordafrikanischer Theologe und Mystiker aus Tlemcen. Sein Hauptwerk, die *ᶜAqāʾid* (Bekenntnisse/Dogmen), bestehen aus fünf Teilen. In der *Ṣuġrā* gibt as-Sanūsī eine Darstellung des Wesentlichen im Glauben. Er

Bis zu Beginn des 20. Jahrhunderts wurde in Fez (Marokko) die Logik auch anhand einer Kurzfassung der *Ṣuġrā* gelehrt.[88] Ein zweites Werk, dass ʿAbd al-Qādir in Frankreich studierte, ist die *Risāla* von Imām Muḥammad al-Qairawānī (922-996) über die Rechtswissenschaft aus der malikitischen Rechtsschule.[89]

Auch ist erwähnt, dass ʿAbd al-Qādir gemeinsam mit seinen Brüdern Muḥammad Saʿīd und Muṣṭafā die Hadith-Sammlung *Ṣaḥīḥ* von al-Buḫarī (810-870) studierte. Zuletzt nennt der Biograph das Werk *aš-Šifāʿ bi-taʿrīf ḥuqūq al-Muṣṭafāʾ* von ʿIyāḍ b. Mūsā as-Sabtī al-Qāḍī (1088-1149). ʿIyāḍ al-Qāḍī war eine viel gefeierte Person der malikitischen Schule im islamischen Westen. Laut Talbi kann ʿIyāḍ vor allem als Traditionist und Rechtsgelehrter der almoravidischen Zeit charakterisiert werden, d.h. streng orthodox der malikitischen Schule verhaftet.[90] In Briefen drückte ʿAbd al-Qādir den Wunsch aus, weitere Bücher zu erhalten. Scheich Muḥammad aš-Šāḏilī (1807-1877) aus Constantine in Algerien brachte ihm Bücher nach Amboise, doch welche dies sind, ist in den Quellen nicht erwähnt.[91]

Die französische Regierung war interessiert daran, ʿAbd al-Qādir zufrieden zu stellen, und so genehmigte diese, dass Muḥammad aš-Šāḏilī ihm in Amboise Gesellschaft leistete, um ihn aufzuheitern und ihm die Ungeduld und Wartezeit zu erleichtern.[92] Muḥammad aš-Šāḏilī ist einer der ersten algerischen Gelehrten, die Frankreich besuchten, was ihn in eine Reihe mit bekannteren Persönlichkeiten wie al-Ṭahṭawī (1801-1873) aus Ägypten und Ḫair ad-Dīn (gest. 1890) aus Tunesien stellt. Er be-

---

setzte sich auch mit nicht islamischen theologischen Inhalten auseinander, lehnte *taqlīd* ab und zog gut fundiertes Argumentieren und logisches Denken dem reinen Studium von Koran und Hadith vor. Muḥammad ʿAbduh selbst zitiert as-Sanūsī sehr häufig und entlehnte seine Einteilung der Modalitäten des Urteilens offensichtlich von as-Sanūsī, vgl. Bencheneb (2010): „al-Sanūsī", in: Ei. Das Werk von as-Sanūsī gilt als einfachere Madrasa Lektüre, vgl. Hildebrandt (2004): „Waren Ǧamāl ad-Dīn al-Afġānī?", S. 219.

88 Vgl. Bencheneb (2010): „al-Sanūsī", in: Ei.

89 Eine der wichtigsten Quellen der malikitischen Rechtsschule ist die *Mudawwana al-kubrā*, eine Sammlung des malikitischen Rechts von Qairawānī Saḥnūn (776-854). Die Übermittlung der malikitischen Doktrin kann in drei Linien aufgeteilt werden, von denen eine die Übermittlungslinie Qairawānī ist. Diese Linie der Übermittlung begründete die Verbreitung der *Mudawwana* im Maghreb, vgl. Idris, H.R. (2010): „Ibn Abī Zayd al-Ḳayrawānī", in: EI, sowie Cottart, N. (2010): „Mālikiyya", in: EI.

90 Die Muḥammad Biographie *aš-Šifāʿ* ist sein bekanntestes Werk, welches Anfang des 12. Jahrhunderts ein großer Erfolg war und bis heute eine bedeutende Rolle in der volkstümlichen Frömmigkeit spielt, vgl. Talbi, M. (2010): „ʿIyāḍ", in: EI.

91 Vgl. Tuḥfa (1964): S. 531,

92 Vgl. Saʿd Allāh (1974): Muḥammad aš-Šāḏilī, S. 42.

suchte Frankreich zwischen 1844 und 1850 drei Mal und wahrscheinlich blieb er von Ende 1849 bis Anfang 1850 in Amboise.[93] Aus dem Briefwechsel ist zu ersehen, dass ʿAbd al-Qādir ihn zuvor nicht getroffen hat.[94] Muḥammad aš-Šāḏilī war gebildet in der Kultur und Geschichte Frankreichs und der französische Arabist, und später Vertrauter ʿAbd al-Qādirs in Amboise, Laurent Esteve Baron Boissonnet (1811-1901), förderte ihn als muslimischen Denker, der offen für den Fortschritt ist.[95] Wahrscheinlich hoffte die französische Regierung, ʿAbd al-Qādir in diese Richtung beeinflussen zu können. Christelow bezweifelt, dass er ʿAbd al-Qādir intellektuell herausfordern oder gar beeinflussen konnte.[96] Doch in der gemeinsamen Zeit in Amboise ist eine enge intellektuelle Freundschaft zwischen beiden entstanden.[97] Die Abhandlung *al-Miqrāḍ al-ḥādd* verfasste ʿAbd al-Qādir in Amboise, also zwischen Ende 1848 und Ende 1852. Wie es dazu kam und in welcher Situation ʿAbd al-Qādir sich währenddessen befand, werde ich im Folgenden erläutern.

3.2.1 Der Kontext zum Entstehungszeitpunkt

Der Anlass für ʿAbd al-Qādir, seine Abhandlung zu schreiben, war der Angriff eines französischen katholischen Priesters. In der Biographie *Tuḥfa az-zāʾir* wird die Situation so dargestellt: ʿAbd al-Qādir erinnert sich, dass damals ein Christ in einem hohen Amt gesagt hat, es sei in dem religiösen Gesetz des Islam erlaubt zu lügen: „Verrat und das nicht Vorhandensein der Treue ist nicht schändlich und es ist nichts Verbotenes daran."[98] Daraufhin baten die Leute ʿAbd al-Qādir über dieses Thema eine Abhandlung (risāla) zu schreiben und den Islam zu verteidigen. ʿAbd al-Qādir empfand dies seiner Situation nicht angemessen und wies diese Aufforderung zunächst ab. Doch sein Gefolge hörte nicht auf, ihn weiter nachdrücklich aufzufordern, dem Priester zu antworten und ihn als Lügner zu entlarven. Laut der Biographie fand dies

---

93 Vgl. Christelow (1982): „Intellectual History", S. 191.

94 Vgl. Saʿd Allāh (1974): S. 56 ff.

95 Im Jahr 1847 reiste Muḥammad aš-Šāḏilī nach Frankreich und besuchte eine Sitzung in der Académie Française. Dort wirkte Boissonnet als sein Dolmetscher und das zu diesem Anlass von aš-Šāḏilī verfasste Gedicht, wurde von Boissonnet in die französische Sprache übersetzt und in der algerischen Zeitung *al-Aḫbar* veröffentlicht, vgl. Christelow (1982): S. 191.

96 Vgl. Christelow (1982): S. 191.

97 Vgl. Tuḥfa (1964): S. 531, 530-540.

98 Ebd.: S. 543.

zu der Zeit statt, als Louis Napoléon Bonaparte (1808-1873) zum Präsidenten gewählt wurde, also im Dezember 1848.

Die Abhandlung ist in *Tuḥfa az-zāʾir* unter dem Titel *al-Miqrāḍ al-ḥādd li-qaṭʿ lisān al-ṭāʿin fī dīn al-islām min ahl al-bāṭil wa'l-ilḥād* erwähnt.[99] Der Priester wird nicht mit Namen genannt, laut Bruno Etienne ist es aber wahrscheinlich, dass François Bourgade (1806-1866) gemeint ist.[100] François Bourgade hat viel Zeit seines missionarischen Lebens in Nordafrika verbracht, kurz nach seiner Ordination im Jahr 1837 ging er nach Algerien und leitete die Schwesternschaft St. Joseph unter dem Bischof Antoine-Adolphe Dupuch, der später zu den Freunden ʿAbd al-Qādirs zählte.[101] In seiner Position als königlicher Geistlicher von 1843 bis 1858 in Tunesien wurde Bourgade bekannt durch seine theologischen Diskussionen mit Muslimen und säkularen Arabern. Er veröffentlichte diese Dialoge in drei Büchern.[102] Der erste Dialog erschien 1847 unter dem Titel *Soirées de Carthage ou Dialogue entre un prètre catholique un muphti et un cadi* in Paris.[103] In diesem ersten Teil vertritt Bourgade als Christ eine eher statische Haltung im interreligiösen Dialog, da die Unterschiede zwischen dem Islam und dem Christentum am Ende des Dialoges Aufrecht erhalten werden.[104] Laut Etienne stand ʿAbd al-Qādir in einem Briefwechsel mit den verschiedenen Priestern, die an dem ersten Dialog teilhatten, und erklärte sich bereit, auf seine Art und Weise zu der Diskussion beizutragen. Der Text *al-Miqrāḍ al-ḥādd* ist also als direkte Antwort auf diese Priester zu lesen und somit an Rezipienten gerichtet, die symbolisch wie auch praktisch Teil des Kolonialismus in Nordafrika waren.[105]

Durch die Biographie bekommt der Leser den Eindruck, als sei die Widerlegung der Aussagen für ʿAbd al-Qādir und seine engen Verbündeten von hoher Bedeutung. Ironischerweise stellt sich ʿAbd al-Qādirs Situation doch gerade gegensätzlich dar, da Frankreich sein Versprechen nicht eingelöst hatte. Nun sollte er der Betrüger sein? Seine Abhand-

---

99 Vgl. ebd.: S. 542.

100 Vgl. Etienne (1994): S. 241.

101 Vgl. Camps (1992): „M. L'Abbé François Bourgade“, S. 74.

102 Diese drei Dialoge erschienen unter den Titeln *Soirèes du Carthage* (Paris 1847), *Clef du Coran* (Paris 1852) und *Passage du Coran à l'Evangile* (Paris 1855), vgl. Camps (1992): S. 75.

103 Vgl. ebd.: S. 74 ff.

104 Vgl. ebd.: S. 83.

105 Vgl. Etienne (1994): S. 241. Vielleicht hatte sogar Dupuch die Aussagen der Priester an ʿAbd al-Qādir herangetragen, denn Bourgade und Dupuch standen sich nicht freundschaftlich gegenüber. In seiner Position als Bischof hatte Dupuch Bourgade von seinem ersten Posten als Direktor der Schwesternschaft entlassen und ihn gezwungen Algerien zu verlassen, vgl. Camps (1992): S. 74.

lung muss also als eine Verteidigungsschrift gelesen werden, die weit ausholend das Wesen der islamischen Religion darstellt.

Als ʿAbd al-Qādir die Schrift *al-Miqrāḍ al-ḥādd* verfasste, umgaben ihn verschiedene Personen, die zu intellektuellen Diskussionen fähig waren und mit denen er seine Gedanken austauschen konnte. Zum einen war dies sein Schwager Muṣṭafā b. Ṯāmī, der als Logiker in Philosophie und Theologie sehr belesen war und als Berater und Vertrauter ʿAbd al-Qādirs auch als sein Sekretär fungierte. Eine weitere Person, die involviert war in die Debattierrunden in Amboise, war Qarā Muḥammad. Er leite in der Widerstandszeit eine Kavallerie und beschäftigte sich mit theologischen Fragen. Eine dritte Person ist der Franzose Laurent Esteve Baron Boissonnet (1811-1901). Boissonnet war Hauptmann der Artellerie, diente unter Duc d'Aumale in Algerien und war Direktor des Büros für arabische Beziehungen in Constantine im Jahr 1844. Politisch war Boissonnet als Mitglied der französischen politischen und sozialen Bewegung *Saint-Simonien* aktiv. Diese Bewegung ging von einem tiefgreifenden Einfluss auf die Gesellschaft durch die zunehmende Industrialisierung und die wissenschaftlichen Entdeckungen aus. Der charismatische Teil der Bewegung zeichnete sich nach dem Tod der Gründerfigur Claude Henri de Rouvroy Comte de Saint-Simon (1760-1825) vor allem durch einen religiösen Charakter aus, viele Mitglieder bereisten Nordafrika und den Nahen Osten, um eine Art messianische Offenbarung zu erleben.[106] Boissonnet sprach als Linguist auch fließend die arabische Sprache und veröffentlichte im Jahr 1848 Gedichte und die Militärordnung ʿAbd al-Qādirs auf Französisch unter dem Titel *Poésies d'ʿAbd el Kader et de Ses règlements militaires*. In Amboise war er anwesend in der Funktion eines Informanten für die französische Regierung und verbrachte dementsprechend viel Zeit mit ʿAbd al-Qādir.[107] Wilfrid Blunt stellt sogar die These auf, dass Boissonnet es war, der ʿAbd al-Qādir aufforderte, seine Gedanken auf Papier zu bringen.[108] Boissonnets war aber wohl der Grund für den Besuch Scheich Muḥammad aš-Šāḏilīs in Amboise, denn aš-Šāḏilī hatte diesen bereits 1844 in seiner Funktion als Direktor des Büros für arabische Beziehungen in Constan-

106 Saint-Simon wird hauptsächlich als utopischer oder christlicher Sozialist charakterisiert. In seinem letzten Werk „Le Novueau Christianisme" aus dem Jahr 1825 versteht er das Christentum und dessen Moralkodex als Basis für die Neuorganisation der Gesellschaft. Neben seinem Sekretär Auguste Comte (1798-1957) beeinflusste er noch weitere Denker und Theoretiker des Sozialismus. Vgl. Leopold (1998): „Saint-Simon, Claude-Henri de Rouvroy", in: REP.

107 Vgl. Levallois (2008): „Boissonnet", in: Dictionnaire des orientalistes.

108 Vgl. Blunt (1947): S. 244.

tine kennengelernt und beide standen seitdem in Briefkontakt.[109] Auch der zuvor erwähnte Kleriker Antoine-Adolphe Dupuch hielt seit seiner ersten Begegnung mit ʿAbd al-Qādir im Jahr 1841 in Algerien Kontakt zu ihm und besuchte ihn mehrere Male in Pau und in Amboise. Beide sprachen über die Bibel, die ʿAbd al-Qādir in einer arabischen Übersetzung studierte.[110]

An dieser Stelle soll nicht der Eindruck erweckt werden, die Personen, die ʿAbd al-Qādir umgaben, hatten einen direkten Einfluss auf ihn. Vielmehr soll anerkannt werden, dass er sich in einem stetigen Austausch befand und von passenden Gesprächspartnern für Themen der islamischen Theologie und Philosophie, der französischen Kultur, Geschichte und Philosophie wie auch des Christentums umgeben war.

3.2.2 Der mediale Kontext des Materials

Der Aufsatz *al-Miqrāḍ al-ḥādd* wurde in seiner ursprünglichen Form zur damaligen Zeit nicht herausgegeben und inwieweit die Schrift unter seinen Zeitgenossen kursierte ist nicht nachzuvollziehen. Aber ein Großteil seiner zweiten, im Jahr 1858 veröffentlichten Schrift *Ḏikrā al-ʿāqil wa tanbīh al-ġāfil* (Den rationalen Mensch erinnernd und den Ignoranten aufrüttelnd) setzt sich aus seiner ersten Abhandlung zusammen.[111] In seiner ursprünglichen Form wurde die Schrift *al-Miqrāḍ al-ḥādd* erstmals im Jahr 1973 von Muḥammad b. ʿAbdallāh al-Ḫālidī al-Maġribī editiert und im Verlag *Manšūrāt Dār Maktabat al-Ḥayāt* in Beirut herausgegeben. Es ist nicht in eine europäische Sprache übersetzt worden und laut dem Vorwort besitzt der Herausgeber al-Maġribī das Manuskript.[112] Insgesamt besteht die vorliegende Edition aus 254 Seiten, diese sind in eine lange Einleitung von 53 Seiten und drei weitere Kapitel eingeteilt. Jedes Kapitel hat Überschriften sowie weitere Untergliederungen mit Zwischenüberschriften. Das Buch ist im Stil traditioneller Theologiewerke gestaltet, d.h. es beginnt mit der Definition von Wissen, in der es in notwendiges und erworbenes Wissen eingeteilt wird, dann folgt eine Diskussion der Exi-

---

109 Vgl. Saʿd Allāh (1974): S. 23 ff.

110 Vgl. Kiser (2008): S. 237.

111 Die arabische Ausgabe von *Ḏikrā al-ʿāqil wa tanbīh al-ġāfil* wurde 1966 von Mamdūḥ Ḥaqqī editiert. Gustave Dugat übersetzte es unter dem Titel *Rappel à l'intelligent, avis à l'indifférent* (Paris 1855) ins Französische und später veröffentlichte René Khawam eine Neubearbeitung unter dem Titel *Lettre aux Français* (Paris 1977), vgl. Etienne (1994): S. 433.

112 Eine weitere Ausgabe ist im Jahr 1989 in Algier vom Verlag Dār at-Tasilī herausgegeben worden, vgl. Etienne (1994): S. 434.

stenz und ihrer Unterschiede, um die Existenz Gottes zu erklären und zu beweisen.[113] ʿAbd al-Qādir gibt sehr häufig die Quellen seiner Zitate mit dem Autorennamen und dem Buchtitel an und signalisiert das Ende seines Zitats durch das Wort *intahā* (Ende). Einige Passagen verfügen nicht über eine Quellenangabe und teilweise sind genannte Zitate gemischt mit Aussagen anderer Gelehrter.[114]

Generell erweckt die Abhandlung den Eindruck, als habe ʿAbd al-Qādir die Offenlegung seiner Ressourcen ernst genommen. In der vorliegenden Edition ist auffällig, dass Fehler in der Orthographie und Grammatik auftreten, was häufig die Lesbarkeit erschwert.[115] Da das Manuskript nicht einsehbar ist, ist es schwierig zu beurteilen, ob diese Fehler zahlreich im Original vorhanden sind. ʿAbd al-Qādirs ungenaue Orthographie ist schon aus Briefen bekannt, was dem Herausgeber zugutegehalten werden muss.[116]

---

113 Im Vergleich zu moderneren *kalām* Werken, die oft mit einer Beschreibung der historischen Entwicklung der islamischen Disziplinen und einer generellen Bestandsaufnahme der Beziehung zwischen Religion und Wissenschaft eröffnen. Vgl. Özervarli (1999): „Attempts to revitalize kalām", S. 100, sowie als Beispiel für moderne *kalām* Werke siehe Muḥammad ʿAbduhs *Risālat at-tauḥīd* (1897).

114 In dem Kapitel über die Prophetie fängt ʿAbd al-Qādir damit an ar-Rāzī zu zitieren und im Laufe des Abschnittes fügt er einzelne Aussagen von al-Ġazālī ein, vgl. MH S. 153 ff. und S. 85 ff. in dieser Arbeit.

115 Zum Beispiel siehe K. 4, S. 86, Fn. 50 in dieser Arbeit.

116 Vgl. Chodkiewicz (1995): S. 23.

4. Text: ʿAbd al-Qādirs Verteidigung der islamischen Vernunft

Das Ziel von ʿAbd al-Qādirs Abhandlung ist es, die Existenz Gottes und die Wahrheit der Offenbarungen anhand der Vernunft und damit unabhängig von der Offenbarung zu beweisen. Damit integriert er seinen religiösen Glauben in einen rationalistischen Modus des Denkens, was dem Islam und der orthodoxen Lehre nicht fremd ist. Es gilt in dieser Textanalyse ʿAbd al-Qādirs Rückgriff auf das islamische Erbe als lebendigen Umgang mit der Religion zu verstehen und somit im Kontext seiner Zeit und Situation. Wie in Kapitel zwei diskutiert, ist es auch nicht das Ziel dieser Arbeit etwas Neues oder Originelles in ʿAbd al-Qādirs Abhandlung zu finden. Ob und inwieweit ʿAbd al-Qādir einen kritischen Standpunkt bezieht, ist nicht davon abhängig, ob er sich für oder gegen Tradition ausspricht, sondern vielmehr von der Art und Weise wie er sich den Argumenten der diskursiven Tradition bedient.[1]

In der Einleitung beginnt ʿAbd al-Qādir das Wesen und die Natur der Vernunft zu erläutern (MH S. 9-13). Weiter definiert er die Wichtigkeit des rationalen Denkens für den Einzelnen und die Gesellschaft und erklärt die Verschiedenheiten der Vernunft (MH S. 22-40). Bevor er zum Gottesbeweis kommt, erläutert er die Beziehung zwischen Ursache und Wirkung und spricht sich für die zeitliche Erschaffung der Welt aus (MH S. 41-53). Im ersten Kapitel beginnt ʿAbd al-Qādir seinen kosmologischen Gottesbeweis darzulegen, der wiederum in drei Teile gegliedert werden kann. Sein Gottesbeweis baut auf der Analogie zwischen dem Universum und dem Menschen auf: Der Makrokosmos ist das Universum und der Mikrokosmos ist der Mensch. Im ersten Teil erklärt er das Göttliche auf der Erde (MH S. 54-69), im zweiten das Göttliche im Himmel (MH S. 70-91) und im dritten Teil beschreibt er den Menschen als „kleine Welt“, d.h. als Spiegel des Universums (MH S. 92-152). Im zweiten Kapitel beschäftigt sich ʿAbd al-Qādir mit den Beweisen für die Existenz der Propheten und ihrer Botschaft (MH S. 153-173) und im Besonderen des Propheten Muhammad (MH S. 174-187). Im dritten Kapitel fasst er die Thematik der Botschaft des Propheten Muhammad zusammen und beschreibt die Abschnitte im Koran zu den religiösen Ge-

1 Vgl. Haj (2010): S. 11.

setzesregeln bezüglich der Wahrheitspflicht und dem Unterlassen des Verrats (MH S. 188-253).[2]

Da im Zuge der Analyse nur Teile seines Werkes einbezogen werden können, konzentriere ich mich hauptsächlich auf seine lange Einleitung, d.h. auf seine Definition der Vernunft, seinen Beweis für das Jenseits und dessen Bedeutung für die Menschen, die Bedeutung der Kausalität und die Beweisführung für die Existenz Gottes (MH S. 9-53). Zusätzlich betrachte ich seinen Beweis für die Existenz der Propheten und ihrer Botschaften (MH S. 153-163). Diese Auswahl ermöglicht es, ʿAbd al-Qādirs Argumentation für die Vernunft und ihr Verhältnis zur Offenbarung offen zu legen.

Methodisch und inhaltlich analysiere ich den Text aus der Perspektive, die ich aus der Diskussion der Ansätze Alasdair MacIntyres und Talal Asads beziehe. Zunächst gilt es die Struktur seiner Argumentationen nachzuvollziehen, dafür bleibe ich bei der Beschreibung nahe am Text. Inhaltlich betrachte ich den historisch situierten Diskurs ʿAbd al-Qādirs als Antwort auf andere Diskurse, um seine Äußerungen nicht zu schematisieren und zu enthistorisieren. Damit kann ich die Aktualität des Textes sichtbar machen und die Tradition als etwas Lebendiges betrachten.[3]

Da ʿAbd al-Qādir seine Argumente aus den klassischen Theologiewerken der späten abasidischen Zeit bezieht, also zwischen dem 11. und 16. Jahrhundert, ist es schwierig, seinen Rückgriff auf die diskursive Tradition mit den gesellschaftlichen Umständen seiner Zeit in Beziehung zu setzen. Deshalb stehen in der Textanalyse inhaltlich auch zwei Aspekte im Vordergrund: Zum einen wissen wir aus der Kontextanalyse, dass ʿAbd al-Qādir aus seinen Erfahrungen mit der Kolonialmacht Frankreich dem technischen und wissenschaftlichen Fortschritt nicht nur positiv gegenüber stand, sondern diesen sogar für notwendig hielt. In seinem Dschihad gegen Frankreich führte er technische Modernisierungen in sein Militär ein. Gleichzeitig orientierte er sich selbst an einem strengen Glauben und der Askese. Die Zukunft der Muslime in Algerien und auch seine eigene sah er im Nahen Osten und nicht in Europa oder unter europäischer Herrschaft. Auf der anderen Seite wissen wir, dass ʿAbd al-Qādir sich in jungen Jahren intellektuell mit dem Sufismus beschäftigte und sich in seinem späteren Leben inständig der Mystik zuwandte. Wahrscheinlich leistete er sogar einen entscheidenden Beitrag zum Entstehen der Reformbewegung Salafiya in Damaskus, die

2 Für eine genauere Einteilung siehe die Inhaltsangabe des gesamten Werkes im Anhang dieser Arbeit, S. 115-117.

3 Vgl. Peters (1990): „Islamic Enlightenment“, S. 160-162. Sowie Asad (1996): S. 388.

in Auseinandersetzung mit der ökonomischen und politischen Hegemonialstellung Europas im Nahen Osten eine religiös legitimierte Anpassung an die neuen Verhältnisse zum Ziel hatte.[4]

Aufgrund dessen ist es sinnvoll, den Text als Antwort auf andere Diskurse entlang folgender Fragen zu analysieren: Findet sich in *al-Miqrāḍ al-ḥādd* eine Offenheit für die technische und wissenschaftliche Modernisierung? Versucht ʿAbd al-Qādir sein Religionsverständnis an diese neuen Verhältnisse anzupassen und inwieweit sind in seiner ersten Abhandlung Hinweise auf sein Verstehen von Spiritualität und Rationalismus zu finden? In diesem Zusammenhang beziehe ich auch ein, an welches Publikum ʿAbd al-Qādir sich richtet, denn der Text kann unterschiedliche Bedeutungen für unterschiedliche Rezipienten erzeugen. Es gilt hier also nicht, die Schlüssigkeit seiner Argumente zu überprüfen, sondern seine Argumente nachzuvollziehen und in den ideengeschichtlichen Kontext und ʿAbd al-Qādirs Erfahrungshintergrund einzuordnen. Dadurch können seine Argumente als in eine diskursive Tradition eingebettete Anstrengung verstanden werden, bestimmte Teile der diskursiven Tradition zu transformieren oder eine Kontinuität und Kohärenz zu vorherigen Argumenten der Tradition herzustellen.

4.1 Die Vernunft

ʿAbd al-Qādir beginnt seine Abhandlung, indem er die Vernunft als für den Menschen ehrbarste Besonderheit beschreibt, die ihn von den Tieren unterscheidet: Je mehr diese Besonderheit in Erscheinung tritt, desto vollkommener ist der Mensch. Durch seine Vernunft begreift der Mensch das Wissen (ʿilm) und kennt den Weg zur Wahrheit (ṭarīq al-ḥaqq). Die Vernunft entfernt den Schleier des Zweifels (ḥiǧāb aš-šakk) und dadurch sichert sie das Erkennen der Wahrheit und die klare Sicht. Die Meinung kann aber, so ʿAbd al-Qādir, die durch die Vernunft erlangte Wahrheit in keiner Weise ersetzen (MH S. 9). Seine gesamte Definition der Vernunft enthält keinen Verweis auf eine Quelle, ist aber zum großen Teil wortwörtlich aus Abū Ḥāmid al-Ġazālīs (1058-1111) Werk *Iḥyāʾ ʿulūm ad-dīn* (Die Wiederbelebung der religiösen Wissenschaften) übernommen.[5] Im weiteren Verlauf des Textes zitiert ʿAbd

---

4 Vgl. Weismann (2001a): S. 216. Hildebrandt (2007): Neo-Muʿtazilismus, S. 93 ff.

5 Zum größten Teil stammt ʿAbd al-Qādirs Kapitel über „Die Definition des Verstandes und die Stufen der Erkenntnis“ (MH S. 9-12) aus dem Kapitel „Erklärung über die wahre Vernunft und ihre Einteilungen“ in al-Ġazālīs *Iḥyāʾ ʿulūm ad-dīn* (T. 1, S. 145-149). Sowie ʿAbd al-Qādirs Kapitel über „Die Unterschiede des Begreifens“ (MH S. 19-21) aus dem Kapitel „Erklärung über die Unter-

al-Qādir noch aus diesem Werk al-Ġazālīs und seinem *Tahāfut al-falāsifa* (Inkohärenz der Philosophen) (MH S. 46, 48). Auffällig ist, an vielen Stellen benennt er die Quellen seiner Darlegungen, so dass die Absätze, die keine Hinweise enthalten, so wirken, als seien sie von ʿAbd al-Qādir selbst erdacht. An zumindest drei Stellen kann ich aber zeigen, dass die Referenz freien Abschnitte von al-Ġazālī stammen.[6] Ein Unterscheid zwischen beiden Texten ist, dass ʿAbd al-Qādir nur sehr selten religiöse Quellen wie Koran oder Hadith heranzieht, um seine Aussagen zu ergänzen. Damit definiert er den Geltungsbereich der Vernunft unabhängiger von der Offenbarung. Im Folgenden beschreibe ich, was ʿAbd al-Qādir genau unter Vernunft versteht, wie sich die Vernunft zu dem Erkenntnisinstrument der Sinneswahrnehmungen verhält, inwieweit es unterschiedliche Arten von Vernunft geben kann und mit welchem Wissen die Vernunft sich beschäftigt.

ʿAbd al-Qādir gibt zunächst eine Definition von dem Begriff *al-ʿaql* (Vernunft; Verstand), denn für ihn entstehen viele Missverständnisse über die Bedeutung des Begriffes. Er differenziert vier ineinander verwobene Funktionen der Vernunft, wobei die ersten beiden als angeborene Disposition zu verstehen sind (bi'l-ṭʿab) (MH S. 12, Abs. 2). Die erste Bedeutung der Vernunft ist das Potential, mit theoretischen (quwwa naẓarīya) und praktischen (quwwa ʿamalīya) Gedanken umgehen zu können, d.h. die Gesamtheit zu begreifen und praktisches Wissen anhand von Schlussfolgerungen und Beobachtungen abzuleiten. Dieses Potential befinde sich im „Instinkt" (ġarīza) und unterscheidet den Menschen vom

---

schiede der Personen in ihrer Vernunft" aus al-Ġazālīs *Iḥyāʾ ʿulūm ad-dīn* (T. 1, S. 149-152). Vgl. bspw. al-Ġazālī (1965): *Iḥyāʾ ʿulūm ad-dīn*, Teil 1, S. 145, Z. 8-21 mit MH S. 10, Z. 15 - S. 11, Z. 12. Oder al-Ġazālī (1965): *Iḥyāʾ ʿulūm ad-dīn*, Teil 1, S. 150, Z. 8-16 mit MH S. 20, Z. 6-16. Sowie Diyab (1990): „al-Ghazālī", S. 431 ff.

6 Pessah Shinar wies schon darauf hin, dass ʿAbd al-Qādirs These der begrenzten Vernunft im Ausdruck und der Argumentation direkt auf al-Ġazālīs Autobiographie *Munqiḏ min aḍ-ḍalāl* (Der Erretter aus dem Irrtum) zurückgeht, vgl. Shinar (1965): 159. In meiner Analyse konnte ich bestätigen, dass ʿAbd al-Qādirs Definition der Vernunft wortwörtlich aus al-Ġazālīs *Iḥyāʾ ʿulūm ad-dīn* stammt, vgl. K. 4, S. 61, Fn. 5 in dieser Arbeit. Zumindest eine weitere Stelle ohne Quellenangabe von ʿAbd al-Qādir ist wortwörtlich von al-Ġazālī übernommen. Der Beginn des Kapitels über die Prophetie und die Botschaft (MH S. 153) stammt aus al-Ġazālīs *Risāla al-qudsīya*, das auch in dem Werk *Iḥyāʾ ʿulūm ad-dīn* enthalten ist. Vgl hierzu bspw. MH S. 154 mit *Risāla al-qudsīya* S. 100, Z. 15-22 in: Tibawi (1965): Al-Ghazālis Tract on Dogmatic Theology, S. 26 ff. Da er al-Ġazālī zum Teil wortgetreu zitiert und nicht davon ausgegangen werden kann, dass er verschiedene Werke von ihm zur Hand hatte, zeigt dies ʿAbd al-Qādirs enormen Vorrat an auswendig gelerntem Wissen. Man könnte die These aufstellen, dass er an einigen Stellen die Quellen seiner Zitate nicht angibt, weil er diese selbst nicht mehr nachvollziehen kann oder aber für selbstverständlich hält.

Rest der Tiere (S. 10, Z. 12/13).[7] Der Instinkt unterscheidet dann die leblose von der lebendigen Materie, d.h. ʿAbd al-Qādir bezeichnet nicht nur die Vernunft als Instinkt, sondern auch alles lebendige, wodurch der Mensch erst mit den freiwilligen Bewegungen des Körpers und den Sinneswahrnehmungen umgehen kann. Die Vernunft kann dementsprechend mit dem theoretischen Wissen umgehen. Der Instinkt sei in Tieren und Menschen unterschiedlich vorhanden, aber auch die Tiere können durch den Instinkt zum Teil mit theoretischem Wissen umgehen (MH S. 11).

Die zweite Bedeutung von *al-ʿaql* definiert ʿAbd al-Qādir als Fähigkeit der Vernunft, logisch und mathematisch denken zu können. Dieses Wissen trete im Kindesalter zutage und ist durch „die Erlaubnis des Möglichen und die Unmöglichkeit des Absurden“ charakterisiert, d.h. der Mensch kann Widersprüche und mathematische Wahrheiten erkennen (MH S. 11, Abs. 2). ʿAbd al-Qādir kritisiert hier die *mutakallimūn*, da diese den Instinkt ablehnen und die Vernunft nur auf die zweite Bedeutung von *al-ʿaql* beziehen. Die *mutakallimūn* bezeichnen die Fähigkeit der Vernunft, logisch mathematisch denken zu können, als notwendiges Wissen (ʿulūm aḍ-ḍurūrīya) (MH S. 10, Z. 17). Für ʿAbd al-Qādir leitet sich das logische Wissen von dem Instinkt ab und „der Instinkt ist die Quelle und der Ursprung und die Beziehung dieses Instinktes zu dem Wissen ist wie die Beziehung des Auges zum Sehen“. (MH S. 11, Z. 11/12).

Die anderen beiden Funktionen der Vernunft erklärt ʿAbd al-Qādir als erworbenes Wissen (biʾl-iktisāb), das der Mensch sich im Laufe seines Lebens aneignet (MH S. 12, Abs. 2). Die dritte Bedeutung von *al-ʿaql* ist das Wissen, dass der Einzelne aus Erfahrungen bezieht. Dazu zählt er auch das Wissen der Traditionen, Sunna und Hadith (MH S. 12, Abs. 1). Die vierte Bedeutung der Vernunft bezieht sich auf ein äußeres Objekt, d.h. es ist das Wissen, durch das der Mensch die Konsequenzen seiner Handlungen sieht und daraufhin seine Begierden un-

---

[7] Der Begriff „Instinkt“ geht auf al-Ḥāriṯ b. Asad al-Muḥāsibī (gest. 857) zurück, vgl. *Iḥyāʾ ʿulūm ad-dīn* T. 1, S. 145, Z. 7. Al-Muḥāsibī war ein sehr bedeutender Mystiker innerhalb der islamischen Tradition und al-Ġazālī erkannte ihn als Autorität an. Al-Muḥāsibīs Betrachtungen waren eher psychologischer Natur, da er sein Bewusstsein untersuchte. Er lehnte den strengen Rationalismus der *mutakallimūn* ab, zugleich untersuchte er sein Bewusstsein aber mittels der Vernunft und mit einem Interesse für präzise philosophische Definitionen. al-Muḥāsibī versuchte, wie später al-Ašʿarī (873-935), anhand rationaler Argumente die orthodoxen Doktrinen zu verteidigen und war von zentraler Bedeutung für die Einbindung des Sufismus in die orthodoxe Lehre. Vgl. Arberry (2010): „al-D̲J̲unayd“, in: EI. Sowie Arnaldez (2010): „al-Muḥāsibī“, in: EI. Sowie Reinart (2010): „Sarī al-Saqaṭī“, in: Ei und vgl. Watt (2010): „al-Ashʿarī“, in: Ei.

terdrückt. Dieses moralische Bewusstsein trete dann ein, wenn die Disposition des Verstandes vorhanden ist und der Einzelne aus Erfahrungen genügend Wissen angeeignet hat. Das Erfahrungswissen baut also auf dem Instinkt und dem logisch-mathematischem Wissen auf. Die Kontrolle der eigenen Handlungen sei dann die „letzte Frucht und äußerste Grenze" (MH S. 12, Abs. 1). ʿAbd al-Qādir glaubt, dass sich das Wissen seit Geburt an in dem Instinkt des Menschen befindet, aber es muss durch einen Anlass zum Vorschein gebracht werden:

> „Es [das Wissen] ist wie das Wasser im Boden, dass man erst entdeckt, wenn man in der Erde danach bohrt. Wenn es dann durch die Sinne wahrnehmbar ist, ist es nicht neu, sondern war immer schon unter der Erde, so wie das Fett in der Nuss" (MH S. 12, Abs. 3).

Die Vernunft kann für ʿAbd al-Qādir auch verschiedene Stufen der Ausprägung besitzen: Die Urmaterie der Vernunft (ʿaqlan hayūlānīan) ist die schwächste Form, die in jedem Menschen vorhanden ist. Wie der Mensch diese schwächste Form der Vernunft zur Anwendung bringt, hängt von der Disposition des Einzelnen ab und ist somit eine Frage der Begabung (ʿaqlan biʾl-malaka). Die Menschen, die ihr Vernunftwissen nach eigenem Wollen und Nutzen zu jeder Zeit einsetzen können, haben die höchste Form der Vernunft erworbenen (ʿaqlan mustafādan).

Weiter untergliedert er das Vernunftwissen in ein theoretisches und ein praktisches Wissen. Er zitiert Sʿad ad-Dīn Masʿūd b. al-Taftazānīs (1332-1390)[8] Definition aus seinem *Šarḥ al-maqāṣid* (Erklärung der Absichten): Die theoretische Vernunft beeinflusst das, was über ihr an Elementen ist, um das Wissen und die Wahrnehmung zu vervollständigen, d.h. sie beschäftigt sich mit dem Wissen, das die Wahrheit anvisiert und somit das notwendig Seiende zum Gegenstand hat. Die praktische Vernunft ist auf das gerichtet, was auf der Erde ist, also die Körper, um ihre Substanz zu vervollständigen. Der Körper ist wiederum ein Instrument für den Erwerb von „Wissen und guten Taten" (ʿilm wa ʿamal)[9], d.h. die praktische Vernunft bezeichnet das Wissen, das auf das

8 al-Taftazānī schrieb zumeist Kommentare zu bekannten Werken und weniger eigenständige Werke. Er wurde vor allem bekannt, da seine Kommentare zu den Standard Lehrwerken in der Madrasa gehören. Das Werk *Šarḥ al-Maqāṣid* ist eines seiner eigenen Werke zur Theologie. al-Taftāzānī vertrat einen weit verbreiteten, aber anti-muʿatazilitischen Sunnismus, vgl. Ateş (2010): „Ibn al-ʿArabī", in: EI. Sowie Madelung (2010): „al-Taftāzānī", in: EI.

9 *ʿIlm* (Wissen; religiöses Wissen) bezieht sich hier auf das theoretische Wissen von Dingen (Theorie) und *ʿamal* (Tätigkeit; Handlung) bezeichnet das praktische Wissen, d.h. die Umsetzung des theoretischen Wissens (Praxis). In der islamischen Tradition meint *ʿilm* häufig das theoretische Wissen über die religiösen Pflichten (ʿibādāt), welches nur vollkommen ist, wenn diese Pflichten in die

Handeln des Menschen zurückwirkt und das Gelingen dieses Handelns behandelt (S. 13, Abs. 1).[10]

Die unterschiedlichen Arten der Vernunft begründet ʿAbd al-Qādir auf zwei Arten, einmal mit der Beschaffenheit der Vernunft selbst und einmal mit der Situation sowie dem Lebensalter des Menschen. Diese Argumentation übernimmt ʿAbd al-Qādir wortwörtlich aus al-Ġazālīs *Iḥyāʾ ʿulūm ad-dīn*:[11] Nur die Fähigkeit der Vernunft, logisch denken zu können, ist über jeden Zweifel erhaben, da logisch-mathematisches Wissen wahr ist und die Menschheit dieses Wissen gleichermaßen teilt. Die Menschen differenzieren sich aber in Bezug auf ihre Fähigkeit, Ideen zu begreifen, sowie welche und wie viele Erfahrungen sie im Leben sammeln. Wie sehr das moralische Bewusstsein ausgebildet ist, hängt dann nicht nur von dem Individuum ab, sondern auch von dem Lebensalter des Menschen. Ein junger Mann könne bspw. seine Begierden nicht so einfach unterdrücken, wie ein erwachsener Mann (MH S. 19/20). ʿAbd al-Qādir nutzt hier eine erklärende Metapher: Die Unterschiede in der menschlichen Vernunft sind wie die Unterschiede der Eigenschaften der Erde, d.h. zum einen gibt es die Art von Erde, in der sich das Wasser ansammelt, stärker wird und dann selbst den Quellen entspringt. Zweitens gibt es die Art von Erde, in der eine Bohrung nötig ist, damit Wasser aus der Erde herauskommt, und drittens die Art von Erde, in der selbst eine Bohrung nichts nützt und die damit immer trocken bleibt (MH S. 21).

Al-Ġazālī und in seiner Tradition auch ʿAbd al-Qādir vertreten die Auffassung, dass es eine Rangfolge unter den Menschen gibt, in der die Propheten den höchsten Platz einnehmen (MH S. 13). ʿAbd al-Qādirs Definition der Vernunft bezieht sich auf eine erkenntnistheoretische und eine regulative Ebene. Zum einen beinhaltet die Vernunft angeborene Fähigkeiten, mit Wissen umzugehen. Zum anderen eignet sich der Mensch durch die Vernunft zwei Arten von Wissen an, die er zur Anwendung bringen kann: Einmal das Wissen aus Erfahrungen, zu denen er auch das Wissen der Traditionen, Sunna und Hadith, zählt. Dieses Wissen führt dann zum Wissen über moralisches Verhalten. Es ist hier fest zuhalten, ʿAbd al-Qādir hält die Entwicklung eines moralischen Bewusstseins aus der Vernunft heraus für begrenzt möglich, die Offenbarungsschrift wird hier zwar nicht als ausschließliche Bedingung dafür ge-

---

Tat umgesetzt werden (ʿamal), vgl. Hrsg. (2010): „ʿIlm“, in: EI sowie „ʿAmal“, in: EI.

10 al-Taftazānīs Einteilung der Vernunft in eine theoretische und eine praktische geht auf ein aristotelisches Erbe zurück. Vgl. Volpi (2010): „Praktische Philosophie“, in: Der Neue Pauly.

11 Vgl. Iḥyāʾ, Teil 1, S. 149-151 mit MH, S. 19-21.

nannt, aber das Wissen über die Traditionen des Propheten sind Teil dieses Bewusstseins.[12] Doch für ihn kann das moralische Bewusstsein nicht in jedem Menschen gleichermaßen entwickelt sein, denn seine soziale Situation, sein Lebensalter und die Ausprägung seines Instinktes sind unterschiedlich. Indem ʿAbd al-Qādir den renommierten Theologen al-Ġazālī zitiert, können ihm kaum Einwände entgegnet werden, denn er übermittelt etwas, das für ihn und in seiner Wirklichkeit unangefochtene Wahrheit ist.

ʿAbd al-Qādir beschreibt die Vernunft in seiner Einleitung als Quelle für das Wissen, seine Anfänge und die Grundlagen. „Das Wissen entspringt der Vernunft, wie das Licht der Sonne" (MH S. 10, Abs. 1). Für ʿAbd al-Qādir ist die Vernunft sogar ein Mittel zum Glück in dieser und der jenseitigen Welt (MH S. 10). Diese umfassenden Fähigkeiten der Vernunft stellt er detailliert dar, indem er das Potential der Vernunft dem der Sinnesorgane gegenüberstellt. ʿAbd al-Qādir behauptet, die Vernunft kann durch ihre Fähigkeit zu kritisieren und zu beobachten die Wahrnehmung der Sinnesorgane korrigieren. Dieser These legt er elf Argumente zugrunde, die in unterschiedlicher Weise die Fähigkeit der Vernunft darlegen. Diese Fähigkeiten sind zum großen Teil offensichtlich und ʿAbd al-Qādir weist an einer Stelle ironisch daraufhin, dass der Vergleich zwischen der visuellen Wahrnehmung und der Vernunft in Bezug auf das Verstehen der göttlichen Wahrheit absurd ist (MH S. 17, Abs. 2). Aber durch die Gegenüberstellung wird der Umfang des Wissens deutlich, mit der die Vernunft umgehen kann. ʿAbd al-Qādir konstatiert hier, die Vernunft sei insgesamt weitaus besser in der Lage, Wahrheiten adäquat zu erkennen und abstrakte und logische Zusammenhänge zu begreifen. Zudem sei sie auch für die Korrektur der Sinneswahrnehmungen unerlässlich.[13] Die Vernunft kann demnach deduktiv notwendige Beziehungen zwischen abstrakten Ideen und Konzepten und real existierenden Dingen herstellen, so dass ihr Wissen innerhalb der rationalen Wissenschaften unentbehrlich ist. Die Vernunft ist aber ebenso wie die Sinneswahrnehmungen Fehlern ausgeliefert und damit begrenzt.

---

12 ʿAbd al-Qādir führt diese Beziehung zwischen Vernunft- und Offenbarungswissen später noch deutlicher aus, vgl. K. 5, S. 95 in dieser Arbeit.

13 al-Ġazālī verteidigt ebenso an mehreren Stellen die Unzulänglichkeiten der Sinneswahrnehmungen und das Vermögen des Verstandes, vgl. al-Ġazālī (1966): Munqiḏ min aḍ-ḍalāl, S. 72/73.

4.2 Die zwei Bereiche des Wissens

ʿAbd al-Qādir unterscheidet das weltliche Wissen (al-dunyawīya) von dem Wissen über die jenseitige Welt (al-uḫrawīya). Das diesseitige Wissen ist das Wissen der Medizin, der Mathematik, der Geometrie, der Philosophie und der übrigen praktischen Wissenschaften. Das jenseitige Wissen ist das Wissen von dem erhabenen Gott, seinen Eigenschaften und seinen Handlungen (MH S. 24/25). Diese Erkenntnis ist für ʿAbd al-Qādir eine Tatsache, die daher vernünftige Menschen teilen müssen (S. 24, Abs. 5). Er bezieht sich hierbei auf den Ḥuǧǧa al-Islām [al-Ġazālī], dessen ursprünglicher Text in dem Buch über scholastische Theologie *Ṭawāliʿ al-anwār* (Das Aufgehen des Lichts) von al-Baiḍāwī (gest. 1286/1316) interpoliert wurde.[14]

> Die beiden Wissensformen sind verschiedenartig und miteinander unvereinbar. Wer seine Aufmerksamkeit auf eine der beiden lenkt, bis er sie vertieft hat, verkürzt seinen Tiefblick in vielen Fällen in dem anderen Wissen. Deshalb sagten die Weisen, vielmehr sind beide wie die Waagschalen und wie der Osten und der Westen [...] (MH S. 25, Z. 1-3).

Der Mensch kann sich somit nicht in beiden Bereichen weise nennen, eine Perfektion seines vernünftigen Wissens im Bereich der Welt und der Religion ist nahezu unmöglich. ʿAbd al-Qādir spricht nur den Propheten die Fähigkeit zu, beide Formen des Wissens zu meistern (MH S. 25). Durch diese Einteilung in religiöses und weltliches Wissen, ermöglicht ʿAbd al-Qādir eine gewisse Trennung der Theologie von den Naturwissenschaften. Die Wissenschaft über die Natur kann Regeln, Konzepte und Ideen entwickeln, die „verschiedenartig" und „unvereinbar" mit dem Wissen über Gott sind und dies ermöglicht eine unabhängigere Entwicklung der rationalen Wissenschaften. Diesen Standpunkt hat ʿAbd al-Qādir nicht nur vertreten, sondern auch umgesetzt; seine Modernisierung und Bürokratisierung des Militärs baute auf pragmatischen und rationalen Überlegungen auf. Auf der anderen Seite verliert aber die Philosophie, die ʿAbd al-Qādir zu den praktischen Wissenschaften zählt, ihre Autorität innerhalb der theologischen De-

---

14 Nāṣir ad-Dīn al-Baiḍāwī gehörte der šāfiʿī Schule an und hatte den Posten eines Oberen Richters in Shiraz (Iran) inne. Er schrieb über verschiedene Themen wie Grammatik, Recht und Rechtsprechung, Koran Exegese und scholastische Theologie. Ein sehr bekanntes Werk von ihm ist sein Koran Kommentar *Anwār at-tanzīl wa-asrār at-taʾwīl*. Seine Werke sind nicht besonders originell, jedoch stark genutzt im klassischen Studium. Das von ʿAbd al-Qādir zitierte Werk ist ein Produkt scholastischer Theologie und spiegelt eine sehr verbreitete Meinung wider, vgl. Robson (2010): „al-Bayḍāwī", in: EI.

batten. Dies beinhaltet zwar nicht, dass es keinen Austausch zwischen beiden Bereichen geben kann, eine absolute Autorität in beiden Bereichen des Wissens können dann aber nur die Propheten einnehmen (MH S. 25).

Diese Auffassung hat ʿAbd al-Qādir in seinem späteren Leben noch deutlicher formuliert, indem er den rationalistisch-wissenschaftlichen Ansatz befürwortete, auf dem die modernen europäischen Wissenschaften aufbauen, ohne gleichzeitig diesen Ansatz den religiösen Wissenschaften zugrunde zu legen.[15] Seine Trennung von weltlichem und auf Gott bezogenem Wissen führt dazu, die Religion nicht denselben Methoden der rationalen Überlegung unterzuordnen und die Offenbarung damit als von der Vernunft unabhängigeren Bereich zu erklären. In diesem Punkt unterscheidet er sich jedoch nicht von den Philosophen und den streng an den äußeren Wortlaut der Offenbarung glaubenden Theologen, die sich häufig beide gegen eine Rationalisierung der Theologie aussprechen. Die Philosophen vertreten die Idee von zwei Wegen zur Wahrheit, einen religiösen und einen rationalen: Die bildhafte und symbolische Sprache der Offenbarung macht die Wahrheit allen Menschen zugänglich, die Philosophie enthält zwar dieselbe Wahrheit, unterscheidet sich aber in ihren Ausdruckssystemen und Argumentationsstrukturen. Die Literalisten wiederum, die starr am Buchstaben festhalten, glauben nur an den äußeren Wortlaut und erkennen die Philosophie in Religionsfragen in keinem Falle an.[16]

Weismann führt ʿAbd al-Qādirs Plädoyer für eine Trennung der rationalen von der religiösen Wissenschaft auf seine persönlichen Erfahrungen in Frankreich zurück, da er dort erlebt hat, wie der Rationalismus auch den Skeptizismus mit sich brachte, der wiederum Basis für den Unglauben ist.[17] Ungeachtet der Tatsache, dass ʿAbd al-Qādir die Notwendigkeit aus eigener Erfahrung verspürte, hat er diese Idee innerhalb der diskursiven Tradition des Islam verankern können. Selbst in al-Ġazālīs Auffassung, der die theologischen Erkenntnisse mit den Methoden der Philosophen verteidigte, ist die Vernunft in der Lage, wahres Wissen zu produzieren, doch sie ist außerstande, Autorität in Bereichen des Glaubens zu beanspruchen, die sich nur auf die Offenbarung gründen.[18]

15 Vgl. Weismann (2001a): S. 217.
16 Vgl. Kügelgen (2010): „Vernunftreligion Islam“, S. 628.
17 Vgl. Weismann (2001c): S. 180 ff.
18 Vgl. Diyab (1990): „al-Ghazali“, S. 428, 433.

4.3 Die Entwicklung der menschlichen Gemeinschaft

ᶜAbd al-Qādir versteht das Wissen (al-ᶜilm) als Frucht des rationalen Denkens. Da der Mensch sich Wissen aneignet und die Wahrheit der Dinge erkennen kann, befindet er sich in der mittleren Position zwischen den Tieren und den Engeln: Wenn der Mensch seinen Körper und seine Fähigkeiten für das Wissen und die guten Taten (al-ᶜilm wa'l-ᶜamal) gebraucht, dann ähnelt er den Engeln. Sobald er seine Hingabe den körperlichen Genüssen widmet, begibt er sich auf die Stufe der Tiere (MH 26, Abs. 1). ᶜAbd al-Qādir erklärt weiter, der Mensch kann sich nur innerhalb einer Gemeinschaft entwickeln und überleben. Die Gemeinschaft wiederum durchläuft eine Entwicklung von einer Familie, zu einem Dorf, zu einer Gegend und zu einer Provinz. Für diese Entwicklung benötigen die Menschen Geld, Steuern, Gesetze sowie eine Verwaltung. ᶜAbd al-Qādir schildert das Phänomen des Wachstums der menschlichen materialistischen und organisatorischen Bedürfnisse und bejaht die Entwicklung der Zivilisation, Stadtentwicklung und des gemeinsamen Wohnens, da die menschliche Gemeinschaft durch den Druck ihrer Bedürfnisse und Notwendigkeiten dazu getrieben wird, ihre Existenz zu sichern und sich in dieser Existenz zu entwickeln und so eine Zivilisation aufzubauen (MH S. 29-30). Diese Sicht von der gesellschaftlichen Entwicklung wurde in der Tradition schon früh von dem Gelehrten Ibn Ḫaldūn (1332-1406)[19] vertreten. Der Prozess, der zum Aufbau einer Gesellschaft führt, wird von Ibn Ḫaldūn als „Kooperation" (taʾwun) bezeichnet. Dieses soziale Konzept bezieht sich auf die Tatsache, dass der Mensch als Einzelner nicht in der Lage ist, das zum Überleben notwendige Werkzeug, das Wissen und die Anstrengung bereitzustellen, um sich selbst zu ernähren. Nur durch die Zusammenarbeit mit Anderen kann der Einzelne sein eigenes Überleben sichern. Das Ergebnis dieser Zusammenarbeit ist die menschliche Gesellschaft. Die ökonomischen und sozialen Strukturen sind dann für Ibn Ḫaldūn die Hauptgründe für die historische Evolution und den Auf- und Abstieg von Zivilisationen.[20]

---

[19] ᶜAbd ar-Raḥmān b. Muḥammad b.Ḫaldūn ist eine der berühmtesten Persönlichkeiten innerhalb der arabisch-islamischen Kultur. Er wirkte als Historiker, Soziologe und Philosoph. Ibn Ḫaldūns Hauptwerk ist die *Muqaddima* (Einleitung). Dieses Werk stellt eine Einleitung in das Handwerk eines Historikers dar, in dem er sowohl die notwendigen Methoden als auch das kulturelle Wissen analysiert, dass für eine wissenschaftliche historische Arbeit von Nöten ist. Seine grundlegenden Überlegungen führen ihn zu der Bennenung verschiedener wissenschaftlicher Felder, die heute als Geschichtsphilosophie, Soziologie und Ökonomie bekannt sind. Vgl. Talbi, M. (2011): „Ibn Ḵhaldūn", in: EI.

[20] Vgl. Ahmad, Zaid (2010): The Epistemology of Ibn Khaldūn, S. 22 ff.

In Übereinstimmung mit dieser positiven Sicht auf die gesellschaftliche Entwicklung, hinterfragt ʿAbd al-Qādir, ob es den Menschen glücklich macht, viel Geld anzuhäufen, sich den körperlichen Gelüsten hinzugeben oder sich aufgrund von einem wohlhabenden Familienhintergrund nur den gesellschaftlich angesehenen Freuden des Lebens zu widmen (MH S. 33-34). Mit seinem Bezug auf die historische und soziologische Theorie Ibn Ḫaldūns widerspricht er der auch gegenwärtig verbreiteten Idee, nach dem Tode Muhammads sei das religiöse Niveau der Gemeinschaft stetig gesunken. In der islamischen historischen Erinnerung wird das Fortschreiten in der Zeit als generell gefährlich verstanden, denn je mehr sich die muslimische Gemeinschaft von der prophetischen Ära entfernt, desto mehr sind Muslime der Korruption und Degeneration ausgesetzt.[21] Mit der Sichtweise ʿAbd al-Qādirs, in der menschlichen Gemeinschaft gibt es so etwas wie Fortschritt und dieser kann nicht nur nicht verhindert werden, sondern ist notwendig, argumentiert er innerhalb der diskursiven Tradition für eine Offenheit gegenüber der gesellschaftlichen Entwicklung und Veränderung. Er unterscheidet sich in diesem Punkt nicht von Reformern wie Muḥammad ʿAbduh.[22]

4.4 Die Existenz des Paradieses

ʿAbd al-Qādir widmet den Vorteilen des Jenseitigen und den Nachteilen des Diesseitigen ein weiteres Kapitel. Er versucht zu zeigen, dass die Existenz des Paradieses und die Täuschungen der Welt durch die Vernunft bewiesen werden können:

> Die Deutlichkeit ihrer Schlechtigkeit [des Diesseitigen] ist der Beweis (burhān), d.h. dass du erkennst, dass alles Getäuschte und Täuschungen eine Ursache haben, und diese Ursache ist ein Hinweis (dalīl). Und jeder Hinweis ist eine Art Analogieschluss (qiyās), der in einem Selbst liegt und Seelenruhe (sukūn) in einem verursacht (S. 35, Z. 4-6).

Die durch Satan vorgegebenen Täuschungen der irdischen Welt befinden sich, laut ʿAbd al-Qādir, in Analogieschlüssen, an denen der Mensch Hinweise erkennen kann, die auf die Existenz des Paradieses schließen lassen. Solch eine Analogie habe zwei Prämissen: 1) die Welt ist wie das Bargeld und das Paradies ist wie der Kredit und 2) das Bar-

21 Vgl. Haj (2009): S. 8.
22 Vgl. Hildebrandt (2004): S. 238.

geld ist besser als der Kredit. ʿAbd al-Qādir widerspricht dem und behauptet, das Bargeld ist nur besser, wenn es der Summe des Kredits entspricht, d.h. es entscheidet sich nicht durch die materielle Form des Geldes, sondern durch den jeweiligen Wert. Da die jenseitige Welt unendlich und grenzenlos ist, halte sie unendlich viel mehr Gutes bereit als die diesseitige Welt (MH S. 35, Abs. 1). ʿAbd al-Qādir räumt ein, der auf das Weltliche gerichtete könnte jetzt antworten, dass das Diesseitige eine Gewissheit ist und das Jenseitige ein Zweifel und die Gewissheit ist besser als der Zweifel. ʿAbd al-Qādir antwortet auf diese Analogie nach demselben Muster: Auch im diesseitigen Leben sind die Menschen angetrieben zu handeln, obwohl sie keine Gewissheit haben. Der Jäger jagt nach Beute, ohne sich sicher sein zu können, mit seiner Jagd Erfolg zu haben. Wenn er jedoch, aus einem Zweifel heraus, nicht jagte, dann würde er verhungern (MH S. 36, Abs. 2). ʿAbd al-Qādir betrachtet die vorhandene Wahrscheinlichkeit der Existenz des Paradieses als letztes vernünftiges Argument. Dieses untermauert er durch ein Zitat von ʿAlī b. Abī Ṭālib, der zu einigen Leugnern des Paradieses sagte, „wenn das, was du sagst, wahr wäre, dann wärest du gerettet und wir wären gerettet. Wenn das, was wir sagen, wahr wäre, dann wären wir gerettet und du würdest zugrunde gehen“ (MH S. 37, Z. 4-6).

Nachdem ʿAbd al-Qādir aufgezeigt hat, wie die Vorteile der Existenz des Paradieses durch die Vernunft erkannt werden können, führt er an, dass sowohl die Menschen, die nur auf das Weltliche gerichtet sind, als auch diejenigen, die nur auf das Jenseitige gerichtet sind, einer Illusion verfallen sind. Denn die Leute, die von ihren Begierden überwältigt werden, glauben, Gott hat den Menschen durch ihren Wohlstand etwas Gutes getan und jeder, der Gutes tut, ist gleichzeitig liebend. Weiter erwarten sie, dass jeder, der liebend ist, auch in der Zukunft Gutes tun wird. Diese Schlussfolgerung kritisiert ʿAbd al-Qādir heftig und führt ein interessantes Beispiel aus der Kindererziehung an: Das Kind, dem alles erlaubt wird und das sich in seinen Begierden ausleben kann, denkt, es werde von seinen Eltern geliebt. Das Kind, das zum Studium gezwungen wird und in seinem Willen beschränkt und gezügelt wird, denkt, es werde von seinen Eltern gehasst. Dieses bezeichnet ʿAbd al-Qādir als reine Täuschung, denn Liebe ist nicht direkt mit dem Ausleben aller Begierden und Wünsche verbunden (MH S. 38/39). Damit bestärkt er sein Argument für eine Zügelung der Begierden und Lüste hinsichtlich der göttlichen Gesetze und der Vernunft. Auf der anderen Seite verachtet ʿAbd al-Qādir die Leute, welche die Welt nur als Ort der Heimsuchung und des Leids sehen, denn diese versuchen jeglichen Genüssen der Welt zu widerstehen und wenn sie daran scheitern, dann verlieren sie den Glauben an die Legitimation der göttlichen Gesetze. Auch gebe es Menschen, die sich so sehr nach dem Paradies sehnen, dass sich das Leben nehmen. Beide Gruppen, die radikalen Hedonisten und Asketen, lehnt ʿAbd al-Qādir ab:

> [...] eine Gruppe ist gerettet, die nicht die Welt allumfassend verlässt und nicht die Begierden allumfassend unterdrückt. Was die Welt betrifft, so nimmt man von ihr das Maß der Wegzehrung und was die Begierden betrifft, so unterdrückt man von ihnen, was aus dem Gehorsam des Verstandes und des religiösen Gesetzes herauskommt. Man folgt nicht jeder Begierde und man unterdrückt nicht jede Begierde, sondern man folgt der Gerechtigkeit und lässt nicht von jeder Sache auf dieser Welt ab. (MH S. 40. Z. 4-9).

Hiermit schlägt ʿAbd al-Qādir einen Mittelweg ein, der jeglicher Radikalität abschwört und ein ausgeglichenes Selbst wie auch eine ausgeglichene Gesellschaft zum Ziel hat. Sein eigenes Leben gestaltete ʿAbd al-Qādir eher asketisch, was die Frage aufwirft, wie genau dieser Mittelweg zwischen Lustgewinn und Enthaltsamkeit gewichtet ist. Doch die Abkehr von allem Weltlichen, wie es einige Sufi Orden praktizieren, lehnt er entschieden ab. Gleichzeitig schließt er mit diesem Mittelweg die Anerkennung materieller Dinge nicht vollständig aus, jene dürften nur nicht im Übermaß genutzt werden.

4.5 Kritik an der philosophischen Emanationslehre

Nachdem ʿAbd al-Qādir bisher das Wesen der Vernunft, ihre Vormachtstellung als Wahrheitsinstrument und die verschiedenen Bereiche des Wissens vor allem nach al-Ġazālī dargestellt hat, kommt er auf einen der fundamentalen Streitpunkte zwischen der islamischen Philosophie und der islamischen Theologie zu sprechen. Dieser Streitpunkt ist das Weltproblem, d.h. der Schöpfungsakt der Welt. ʿAbd al-Qādir stellt zunächst die Lösung der Philosophen dar, hier das neuplatonische System, das u.a. von Ibn Sīnā (980-1037) aufgenommen und in einem islamischen Kontext weiterentwickelt wurde.[23]

ʿAbd al-Qādir beschreibt kurz, wie die Philosophen die Vielheit in der Welt durch Sphärengeister bzw. Mittelursachen erklären, denn der erste Intellekt, der aus Gott emaniert, ist einer, enthält aber auch eine

23 Das zugrunde liegende Prinzip für die philosophische Emanationslehre ist das neuplatonische Grundprinzip: Aus dem Einen kann nur eines hervorgehen; eine absolut einfache Ursache kann nur eine Wirkung erzeugen, folglich kann aus Gott nur eine Wirkung hervorgehen. Vgl. Goichon (2010): „Ibn Sīnā“, in: EI.

Vielheit, aufgrund derer er die Ursache der Weltvielheit werden kann. ʿAbd al-Qādir erklärt, dass der erste Intellekt eine Dreiheit in sich enthält: 1) seine Kontingenz, d.h. seine Möglichkeit liegt in ihm selbst; 2) sein Gotterkennen, d.h. seine Existenz stammt aus der Erstursache Gott; 3) sein Selbsterkennen, d.h. seine Existenz ist im Hinblick auf die Erstursache Gott notwendig (MH S. 22, Abs. 1,2). Der weitere Emanationsvorgang wird aus diesen Grundsätzen logisch weiter entwickelt und ʿAbd al-Qādir beschreibt, wie die Dreiheit des ersten Intellekts die Dreiheit der Umgebungssphäre verursacht: Aus dem Gotterkennen geht der zweite Intellekt (ʿaql) hervor, aus dem Selbsterkennen geht die Seele (nafs) der ersten Himmelssphäre hervor und aus der Kontingenz geht der Körper, d.h. die erste Himmelssphäre (falak), hervor (MH S. 22, Abs. 2). Aus dem zweiten Intellekt emaniert wieder ein dritter Intellekt, eine zweite Seele der zweiten Himmelssphäre und eine zweite Himmelssphäre, bis es beim zehnten aktiven Intellekt (ʿaql al-fʿāl) endet, der Einfluss auf die Elemente hat (MH S 22).

Laut ʿAbd al-Qādir gibt es keine Beweise für die Theorie der Philosophen von den zehn Intellekten und die Ursache ihres Denkfehlers liege darin, dass sie davon ausgehen, aus einem kann nur eins hervorgehen. Diese Doktrin zitieren die Philosophen zwar von den ersten Philosophen, doch ʿAbd al-Qādir will sich auf ihre Überlieferung nicht verlassen. Er stimmt aber mit den Philosophen überein, dass Gott nur eins ist und es in ihm nichts Zahlreiches gibt und aus ihm nur der erste Anfang hervorgeht (MH S. 22, Abs. 1).

Die Philosophen gehen, so ʿAbd al-Qādir, davon aus, wenn Zwei aus Gott kämen, wäre sein Ursprung zu dem einen anders als sein Ursprung zu dem anderen. Wenn dann beide oder eine dieser beiden Ursprünge in Gott enthalten sind, und der andere Ursprung außerhalb von Gott ist, dann sei es notwendig, dass der Ursprung außerhalb von Gott eine Wirkung von ihm ist. Und darum sei Gott ein Ursprung und eine fortlaufende Folge. ʿAbd al-Qādir räumt sogar ein, wenn es eine fortlaufende Folge von Ursprüngen gäbe, die Theorie der Philosophen wahr sein könne, doch diese Annahme ist für ihn unmöglich. Er bestätigt zwar, dass die beiden Ursprünge (maṣdarīyatain) außerhalb von Gott sind, doch

> der Ursprung Gottes braucht keine Ursache (ʿilla), um zu sein, weil es eines der zusätzlichen Dinge ist, das nicht im Außen existiert. Und in Bezug darauf kann das Sein (al-ḏāt) [Gottes] keine Quelle der Ursprünge sein, und deshalb kann es keine anderen Ursprünge geben und auch keine fortlaufenden Folgen (MH S. 23, Abs. 2).

Er führt noch zwei weitere Argumente gegen die Emanationslehre an, um diese auf ihrer logischen Ebene in Frage zu stellen. Diese bezieht er aus ʿAlī b. Muḥammad al-Ǧurǧānīs (1339-1434)[24] Kommentar zu ʿAḍūd ad-Dīn al-Īǧīs (1281-1355) Buch *Kitāb al-mawāqif fī ʿilm al-kalām* (Das Buch über die Positionen in der Theologie).[25] Das erste Argument will einen Widerspruch aufzeigen: Wenn die Dreiheit des ersten Intellekts existierende Dinge wären, dann müssten diese jeweils einen Ursprung haben und könnten somit nicht aus Gott kommen, da dieser ja nur eins hervorbringen kann. Wenn diese Dreiheit aber hypothetische Dinge wären, dann wäre es nicht möglich, dass sie einen Einfluss auf die Emanation der existierenden Dinge des ersten Intellekts haben (MH S. 23, Abs. 2). Das zweite Argument unterstreicht die Unwahrscheinlichkeit, dass die achte Himmelssphäre mit allen Arten von Sternen nur auf den zweiten Intellekt zurückgeht und ebenso, dass die unzählbaren realen Wesenheiten (ṣuwar) und Akzidenzien (āʿrāḍ) nur aus dem aktiven Intellekt hervorkommen (MH S. 23, Abs. 3).

Für ʿAbd al-Qādir ist es von Bedeutung, die philosophische Sichtweise der Welterschaffung auszuschließen. Auch in der folgenden Beweisführung für die Existenz Gottes diskutiert er seine Auslegungen und Argumentationen in Auseinandersetzung mit denen der Philosophen. Er erkennt die Gemeinsamkeiten zwischen den Theologen und Philosophen an und grenzt seine Auffassung auch klar von ihnen ab. Seine Hauptgegner in dieser Abhandlung sind damit nicht die Theologen anderer Schulrichtungen, sondern die Gelehrten, die die Vernunft über das Offenbarungswissen stellen. Er ordnet damit seine Auffassung von Religion und Vernunft in einen Modus des Denkens ein, der sich an der philosophischen Rationalität messen will.

4.6 Beweise für die Existenz Gottes

ʿAbd al-Qādirs Gottesbeweis ist in drei Teile gegliedert, zunächst gibt er ein vernunftbasiertes Argument für die Existenz Gottes. Er wendet hier ein gewöhnliches Argument aus der *kalām* Theologie an, das von der Erschaffenheit der Welt auf einen Schöpfer dieser Welt schließt. Im zweiten Teil bemüht sich ʿAbd al-Qādir die Kausalbeziehung im Islam

---

24 Al-Ǧurǧānī war Zeitgenosse von al-Taftazānī und beide trafen sich in Samarkand. Er schrieb zu vielen Themen, u.a. über Grammatik und Logik im Persischen. Seine theologischen Werke beschäftigen sich intensiv mit der Philosophie, der hier von ʿAbd al-Qādir zitierte Kommentar ist zur Hälft der Philosophie gewidmet. Vgl. Tritton, A.S. (2012): „al-Djurdjānī", in: EI.

25 Dieses Werk machte al-Īǧī schon während seiner Lebenszeit berühmt und wird bis zum heutigen Tage in der Madrasa, auch in der al-Azhar in Kairo, als grundlegendes Lehrbuch der Theologie unterrichtet. Vgl. van Ess (2010): „al-Īdjī", in: EI.

darzustellen. Da er von Christen den Vorwurf gehört hat, Muslime beachten die Ursachen in der Welt nicht, widmet er sich der Beziehung von Ursache und Wirkung im Islam und zeigt, wie die Philosophen in dieser Beziehung mit den Theologen übereinstimmen. Für ʿAbd al-Qādir liegt der wirkliche Unterschied zwischen der Philosophie und der Theologie in der Frage der zeitlichen oder nicht zeitlichen Erschaffung der Welt, darum begründet ʿAbd al-Qādir im dritten Teil die zeitliche Erschaffung der Welt.

4.6.1 Die Welt der Vernunft

ʿAbd al-Qādir beginnt seine Argumentation, indem er den Weg zur Kenntnis Gottes nach Faḫr ad-Dīn ar-Rāzīs (1149-1209)[26] Beweisführung in seinem Werk *al-Maṭālib al-ʿālīya min al-ʿilm al-ilāhī* (Die höheren Probleme in der theologischen Wissenschaft) anführt. Der Weg zur Kenntnis Gottes hat demnach zwei Seiten, den Weg der Anstrengung (ar-riyāḍa) und der Übung (al-muǧāhada), auf dem der Mensch durch Beten und ununterbrochene Erinnerung an Gott (ḏikr)[27] im Herzen mit seiner Existenz erfüllt wird. Solange der Mensch bei der Anrufung Gottes mit seiner Existenz erfüllt wird, sei dieser Weg wunderbar und zwingend (MH S. 41, Abs.3). Der zweite Weg der Kenntnis Gottes ist „[...] der Weg der Weisen über die Metaphysik (ilāhīya) und diese ist die Schlussfolgerung aus den Zuständen der Möglichkeiten (al-mumkināt), die Anwesenheit der Existenz aus sich selbst heraus zu prüfen“ (MH S. 42, Z. 3-4). Das Problem der Prüfung der Existenz*en* aus sich selbst heraus sei die Endlichkeit der Ursachen und auch der Körper. Das hier von ʿAbd al-Qādir angesprochene Problem ist die Frage nach der Verbindung zwischen dem Sein, das aus sich selbst heraus existiert, und den Einzelwesen, die diesem Urgrund des Seins ihre zeitliche Realität verdanken, d.h. zwischen dem Schöpfergott und den Geschöpfen.

---

26 Faḫr ad-Dīn ar-Rāzī war außerordentlich gelehrt in der Philosophie und machte oft Gebrauch von Ibn Sīnās Ideen, kritisierte diesen aber auch an anderen Stellen. Obwohl er ein Gegner der Muʿatazila war, hatten nicht wenige Standpunkte dieser Gruppe Einfluss auf ihn. Er gilt als besonders originell und hat unzählige Werke verfasst, zum großen Teil in den Bereichen *kalām* und Exegese, vgl. Anawati (2010): „Fakhr al-Dīn al-Rāzī“, in: EI.

27 Das Wort *ḏikr* (sich selbst erinnern) bezeichnet in der Mystik den Akt des Erinnerns, der zu einer mündlichen Erinnerung wurde und sich dann in eine unermüdliche Wiederholung einer Litanei entwickelte. In der Mystik ist es die häufigste Form des Betens, im Gegensatz zum *fikr* (diskursive Reflexion/ Meditation). Es gibt ein einzelnes *ḏikr* (mit lauter Stimme oder geflüstert) und ein kollektives *ḏikr* (mit lauter Stimme), vgl. Gardet (2010): „ḎHikr“, in: EI.

ʿAbd al-Qādir argumentiert, die Körper bestehen aus zwei Formen: Erstens, die Körper gelangen in die Existenz, ohne einen weisen Handelnden zu benötigen. Diese erste Form sei wie ein gebrochener Stein oder ein zerbrochener Krug. In diesem Falle sage einem die Vernunft, die Form dieser Körper wurde durch Zufall geformt. Zweitens, die Körper gelangen in die Existenz durch das Handeln eines Weisen. Die Form ist wie eine Kanne, die aus zweckmäßigen Teilen besteht und notwendigerweise hergestellt wurde. Ebenso wie diese Kanne bedarf die Welt eines Erschaffers, da diese so vollkommen ist, dass sie nicht aus Zufall entstanden sein kann (MH S. 42).[28] ʿAbd al-Qādir schließt aus dieser Darstellung, dass es einen einzigen wissenden Gott gibt und „der Erschaffer der Welt kann handelnd auswählen, d.h. es liegt an ihm, die Welt zu erschaffen und es zu unterlassen und Gott ist für die Welt notwendig, so dass die Loslösung von ihm unmöglich ist" (MH S. 43, Z. 8-9).[29]

In diesem Punkt widersprechen die Philosophen und ʿAbd al-Qādir stellt diese Auseinandersetzung dar, indem er erneut aus ʿAḍud ad-Dīn al-Īǧīs (1281-1355) Werk *Šarḥ kitāb al-mawāqif* zitiert: Christen, Juden und Muslime sind sich über den Punkt einig, dass die Welt aus der Notwendigkeit von Gottes Dasein geschaffen ist und Gottes frei sein von der Welt unmöglich ist. Die Philosophen leugnen diese Fähigkeit Gottes, da diese es als eine Unvollkommenheit Gottes betrachten. Die Philosophen verstehen den freien Willen Gottes und seine Losgelöstheit von der Welt als die vollkommene Vollkommenheit (al-kimāl al-tām). Der freie Wille Gottes, in dem Sinne, dass er macht, was er will und unterlässt, was er nicht will, ist, so ʿAbd al-Qādir, zwischen zwei Gruppen – die er nicht näher erläutert – vereinbart. Doch die Philosophen sprechen Gott so viel

28 ar-Rāzī will mit seinem Beispiel nicht einen einfachen Analogieschluss zwischen Ursache und Wirkung, also dem erschaffenen Gegenstand und einem Erschaffer herstellen. Vielmehr spricht er von einem „unmittelbarem Wissen", so dass das Beispiel eines erbauten Gegenstandes und eines Erbauers nicht die Wahrheit der Prämissen beweisen soll, sondern die diesem Beispiel inhärente, offensichtliche und unmittelbare Wahrheit verdeutlichen soll, vgl. Davidson (1987): S. 158.

29 ʿAbd al-Qādirs Beweis der Existenz Gottes ist unter dem „Platonischen Verfahren" bekannt, da Platon in seinem Buch *Timaeus* die Existenz Gottes durch folgendes Argument zu beweisen versucht: Die Welt wurde erzeugt und hat einen Anfangspunkt. Was in die Existenz gelangt, muss zwangsläufig durch eine Ursache in die Existenz gelangen. Laut dieser Schlussfolgerung kann Nichts aus dem Nichts entstehen. Diese philosophische Doktrin „ex nihilo, nihilo fit" ist als Prinzip der ausreichenden Begründung bekannt. Auch in der islamischen Theologie wurde dieses Argument als offensichtlich und der Vernunft manifest aufgefasst. al-Ġazālī wies daraufhin, dass diese Begründung kein Argument ist, sondern mehr eine Erklärung der Begriffe „erschaffen" und „Ursache". Doch stimmt auch er zu, dass die Vernunft notwendigerweise bestätigt, dass alles, was erschaffen ist, ein Ursache haben muss, vgl. Davidson (1987): S. 154, 158.

freien Handlungswillen zu, dass sie die Emanationslehre und die großmütige Notwendigkeit von Gottes Dasein, wie die Notwendigkeit von Gottes Wissen und seiner vollkommenen Eigenschaften, postulieren.[30] Demgemäß halten die Philosophen die nicht zeitliche (qidam) Erschaffung der Welt für nötig, was für ʿAbd al-Qādir intuitiv undenkbar ist (MH S. 43, Abs. 4).[31]

4.6.2 Die Welt der Ursachen

Bevor ʿAbd al-Qādir die zeitliche Erschaffung der Welt begründet, ist es ihm wichtig, die Rolle der Ursachen innerhalb der islamischen Theologie darzulegen. Zum einen, um die Emanationslehre der Philosophen tief gehender zu kritisieren. Zum anderen, um den Vorwurf der Christen, der Islam und damit die Muslime handeln nicht nach der Vernunft, zu wiederlegen. ʿAbd al-Qādir erwidert dem: „Wir betrachten nicht die natürlichen Wirkungen und nicht die absolute Kraft [der Ursachen]. Solange es aus einer anderen Sichtweise betrachtet wird, ist es respektiert" (MH S. 44, Abs. 1). Die „natürlichen Wirkungen" und die „absolute Kraft" der Ursachen können im Kontext nur auf die notwendige und unteilbare Beziehung von Ursache und Wirkung bezogen werden. Diese wurde von den islamischen Philosophen behauptet und von den Theologen kritisiert, da es dem Glauben jeglichen Raum nimmt. Wunder wären in dieser Definition ausgeschlossen.[32] Die Wunder des Propheten gelten aber im Aschʿarismus als Hauptbeweis für seine Existenz, weshalb im Sinne dieser orthodoxen Schule die Kraft der Ursachen und die notwendige Beziehung zwischen Ursache und

---

30 Mit der „großmütigen Notwendigkeit von Gottes Dasein" bezieht ʿAbd al-Qādir sich auf die übliche Kritik der Theologen, dass wenn ein ewiger Gott anfangslos die Welt erschafft und die Geschöpfe der Welt auch als anfangslos und ewig bezeichnet werden müssen, dann stehen der Schöpfer und die Geschöpfe zu eng miteinander in Verbindung. Damit wird der freie Wille Gottes beschnitten, denn wenn die Beziehung Gottes zu der Welt ewig ist, dann sei diese Beziehung auch notwendig und somit nicht frei wählbar, vgl. Davidson (1987): S. 2 ff.

31 Die muslimischen Philosophen verteidigten die nicht zeitliche Erschaffung der Welt im Erbe der griechischen Philosophie und ihr Hauptargument baut darauf auf, dass es undenkbar ist, der Erschaffung der Welt einen Zeitpunkt zu geben, denn dann müsste vor der Erschaffung der Welt eine leere Zeit existiert haben. Die Vorstellung von einer Zeit vor der Zeit ist aber absurd. Somit muss die Welt wie auch die Zeit nicht zeitlich erschaffen worden sein. Der Erschaffer der Welt muss dann ewig sein, also nicht nur anfangslos. Vgl. Arnaldez (2010): „Ḳidam", in: Ei. Sowie Horten (1924): S. 85 ff.

32 al-Ġazālī will diesen Standpunkt der Philosophen unter dem 17. Punkt seines *Tahāfut al-falāsifa* widerlegen. Vgl. Sheikh (1963): „al-Ghazālī", S. 614, in: HMP.

Wirkung verneint wurde.[33] ʿAbd al-Qādir versucht eine bestimmte islamische Sicht auf die Beziehung von Ursache und Wirkung darzulegen. Wie sich im Folgenden zeigen wird, ist diese Beziehung nicht rein aschʿaritisch, sondern er versucht, andere direkte Ursachen in der Welt zuzulassen, ohne jedoch die Wirkungsmacht Gottes einzuschränken.

ʿAbd al-Qādir führt zunächst alle Wirkungen auf die Erstursache Gott zurück (MH S. 44, Abs. 2). Er lehnt keineswegs ab, dass es Ursachen und Wirkungen gibt, die nach einem logischen Prinzip miteinander verbunden sind. Er vertritt aber die Auffassung, diese einzelnen Ursachen und Wirkungen müssten als ein großes Ganzes verstanden werden, das erschaffen wurde und nur durch die Verbindung zum Schöpfer Sinn ergibt. In den Worten des Gelehrten Sʿad ad-Dīn al-Taftazānī (1322-1390) aus seinem Buch *al-Talwīḥ* (Andeutungen) sagt ʿAbd al-Qādir, dass die Existenz von Ursachen schon im Koran und Hadith Erwähnung findet: Durch die Erschaffung der Ursachen steigen die Weisheit und die Fähigkeiten an und durch die Schöpfung aus sich selbst und der Schöpfung der Fähigkeiten aus sich selbst beeinflusst Gott das System der Herrschaft. In den gesandten Büchern stehe auch, dass Gottes Anordnung in ihrer Gesamtheit nach seiner Kraft, seinem Erwerb und seiner Dauer bedürftig ist:

> Und es gibt keine Wirkung der Fähigkeit Gottes abgetrennt in allen Zuständen von der Wirkung der Ursache. Und was auch aus ihm herauskommt, ist notwendig durch die Fähigkeit Gottes; und die Wirkung kommt heraus aus der Fähigkeit Gottes und seines Wollens, so wie die Wirkung aus dem Grund der Gründe herauskommt (S. 44, Z. 15-18).

Für ʿAbd al-Qādir entspricht diese Einsicht nicht nur der von den Philosophen, aber sie ist auch besonders nah an der Realität (MH S. 44, Z. 10). Die Theologen und die Philosophen sind sich demnach einig darüber, dass Gott die Erstursache aller Dinge ist. Doch wie die Dinge in Beziehung zu Gott stehen, hat ʿAbd al-Qādir bisher noch nicht erklärt. Es folgt dann eine Darstellung dieser Beziehung nach Ibn al-Qaiyīm [al-Ǧauzīya] (1292-1350)[34] zu diesem Thema. Dieser behauptet in seinem Kommentar zu dem Hadith *al-ʿain* (Das Auge), dass Gott die Gewohnheit in die Schöpfung fließen lässt, d.h. Gott bestimmt in jedem Moment was der Mensch sieht. Ursachen, Wirkungs-

---

33 Vgl. Hye (1963): „Ashʿarism“, in: HMP, S. 241.

34 Ibn al-Qaiyīm al-Ǧauzīya gehört der hanbalitischen Schule an und war Schüler von Ibn Taimīya (1263-1328). Diese neo-hanbalitische Schule lehnt die rationale Theologie ab und verfolgt die literalistische Koran Exegese. al-Ǧauzīya ist sowohl in der Wahhābīya als auch der Salafiya ein viel gelesener Autor, besonders in Nordafrika. Vgl. Laoust (2010): „Ibn Ḳayyim al-D̲jawziyya“, in: EI.

kräfte und Gründe seien in der Welt verloren gegangen (MH S. 45, Abs. 1). Dieser Auffassung widerspricht ʿAbd al-Qādir und laut ihm auch die Vernünftigen unter Berufung auf den Kommentator[35] der „kleinen Sammlung“ (al-Ǧāmʿi aṣ-ṣaġīr)[36] (MH S. 45, Abs. 1). Für ʿAbd al-Qādir ist eine kausale Beziehung zwischen real existierenden Dingen in der Welt durch die Vernunft klar bewiesen und nicht bestreitbar. Es besteht ein System von Ursachen und Wirkungen, doch

> ist er [Gott] fähig, die Dinge ohne Grund (sabab) und Substanz (māda) zu erschaffen, so, wie er die Gründe und die Substanzen selbst hinterlegt; aber er hat in ihrer Erschaffung (inšāʾ) stufenartig von Zustand zu Zustand die Techniken (pl. ṣanāʾiʿ) und die Weisheit (ḥukm) [hinterlegt], die in ihr [der Erschaffung] auf den ersten Blick Lehren und Vertrauen auf seine große Fähigkeit entblößt, jenes ist in seiner Erschaffung nicht schlagartig entstanden (S. 45, Z. 7-10).

Diese Anmerkung entnimmt er al-Baiḍāwīs (gest. 1286/1316) Koran Kommentar *Anwār at-tanzīl wa asrār at-taʾwīl* (Die Lichter der Offenbarung und die Geheimnisse der Interpretation). Gott kann demnach Dinge ohne Grund erschaffen, aber in der Natur der Dinge, die er erschafft, hinterlegt er die Weisheiten und Techniken, die der Mensch durch die Betrachtung der Dinge erkennen kann. ʿAbd al-Qādir spezifiziert seine Auffassung der Kausalbeziehung, indem er den „größten der Sufis“ – Ṣadr ad-Dīn aš-Širāzī oder Mullā Ṣadrā (1571-1640) – aus seinem Werk *al-Ḥikma al-mutaʿālīya fiʾl-asfār al-ʿaqlīya al-arbaʿa* (Die transzendentale Weisheit in den vier rationalen Büchern) zitiert.[37] Mullā Ṣadrā sieht Gott als Ursache aller Ursachen, aber

---

[35] ʿAbd al-Qādir bennent den Kommentator an anderer Stelle als ʿAbd ar-Raʾūf al-Munāwī (1545-1621) (MH S. 162, Z. 11). ʿAbd ar-Raʾūf al-Munāwī war ein ägyptischer Gelehrter und Mystiker. Er folgte den Orden der Ḥalwatīya, Šāḏilīya und Naqšbandīya. Sein Schaffen umfasst mehr als hundert Werke. Seine Werke und auch seine Kommentare zu Werken anderer Gelehrter waren zu seiner Lebenszeit schon sehr beliebt und werden auch heute noch zitiert, vgl. Hamdan (2010): „al-Munāwī“, in: EI.

[36] Das Werk *al-Ǧāmʿi aṣ-ṣaġīr* ist eine von as-Suyūṭī (1445-1505) selbst geschriebene Kurzfassung seines neun Bände langen Werkes *al-Ǧāmʿi al-ǧawāmʿi*. as-Suyūṭī war ein herausragender Gelehrter und gilt als der erste Theologe, der Mystik in die islamische Rechtsprechung einführte. Er lehnte die hellenistische Logik (al-manṭiq) ab, vgl. Geoffroy (2010): „al-Ṣuyūṭī“, in: EI.

[37] Zu Lebzeiten legte Mullā Ṣadrā die Grundlage für eine neue Schule der theosophischen Schiʿa, die verschiedene Systeme vereinte und unter dem Namen *al-Ḥikma al-mutaʿālīya* (transzendentale Weisheit) bekannt wurde. Sein Einfluss war anfangs eher gering, doch gerade im 19. Jahrhundert inspirierte seine Lehre eine Wiederbelebung innerhalb der Zwölfer Schiʿa, vgl. MacEoin (2010): „Mullā Ṣadrā SHīrāzī“, in: EI.

es emaniert die Existenz (al-wuǧūd) nach den Möglichkeiten der Ordnung und dem System, gemäß ihrer verschiedenen Empfänglichkeiten und gemäß ihrer Fähigkeiten. Und einige von ihnen kommen aus Gott heraus ohne Ursache, einige von ihnen mit einer Ursache oder mit vielen Ursachen (MH S. 45, Z. 15-18).

Die Existenzen, die andere direkte Ursachen als Gott haben, seien nicht so, wegen einer Unvollkommenheit in der Fähigkeit Gottes, sondern wegen einer Unvollkommenheit ihrer Empfänglichkeit. Gott sei nicht bedürftig in der Erschaffung einer Sache aus einer anderen (MH S. 46, Abs. 1).[38] Diese neu-platonische, sufische Doktrin bezeichnet ᶜAbd al-Qādir als die beste von allen. Für ihn stellt diese Lehre einen Mittelweg dar und „das Moderate ist das beste" (MH S. 46, Abs. 1). ᶜAbd al-Qādir führt die Philosophie Mullā Ṣadrās nicht weiter aus, aber er bewirkt mit seinem kurzen Zitat, die Verbindung von Ursache und Wirkung in ein anderes Verhältnis zu stellen, eines, das sich von der Emanationslehre der Philosophen abgrenzt und doch einen Weg eröffnet, andere direkte Ursachen auf der Welt zuzulassen.

Dieser neue Ansatz Mullā Ṣadrās für die Erklärung der Schöpfung ist unter dem Namen „substanzielle Entstehung der Welt" (ḥudūṯ ǧauharī) bekannt geworden. Gemäß der substantiellen Bewegung sind die materiellen Dinge zeitlich entstanden, denn materielle Substanzen befinden sich ständig in Bewegung, d.h. sie entstehen und vergehen fortlaufend.[39] Mullā Ṣadrās evolutionäres Verständnis der Schöpfung erfuhr im 19. Jahrhundert durch iranische Intellektuelle eine Wiederbelebung. Diese sahen in Mullā Ṣadrās Lehre eine Möglichkeit, die Konzepte von Wandel und Entwicklung theologisch zu verankern, was ihnen anhand der konservativen und literalistischen Ansätze nicht gelungen ist.[40]

ᶜAbd al-Qādir verweist anhand Saᶜd ad-Dīn al-Taftazānīs (1322-1390) Werk *Šarḥ al-maqāṣid* (Erklärung der Bedeutungen) auf eine zweite Einigkeit zwischen den Philosophen und Theologen: Die Zusammenhänge von Ursachen und Wirkungen können in der Natur beobachtet werden. Denn das Wissen des Menschen über die chemischen Verbindungen ist

---

38 Diese Idee ist ebenso in Ibn ᶜArabīs Konzept der Manifestation Gottes in der Welt zu finden, vgl. Weismann (2001b): S. 62. Vgl. auch KM, 17.

39 Im Gegensatz zu den Theologen betrachtet Mullā Ṣadrā die Suche nach dem Anfang der Welt als sinnlos, denn jeder Augenblick kann als Anfang und als Ende der Welt verstanden werden, d.h. die Kette der zeitlich entstandenen Dinge ist unendlich. Die Welt befindet sich demnach in einer Nicht-Zeit (lā zamān), da die Zeit selbst ein Produkt der Welt ist, vgl. Talgharizade (2000): S. 27 ff. Mehr zu Mullā Ṣadrās System der Entstehung der Welt ist in Talgharizades Buch nachzulesen.

40 Vgl. Scharbrodt (2007): „Salafiyya and Sufism", S. 103.

auf Vermutung (ḥads) und Experiment (taǧraba) gegründet und diese Beobachtungen und Experimente seien nützlich, um die Ursache und Wirkung dieser bestimmten Erscheinungen zu verstehen und dadurch eine Art Gewissheit zu erhalten. Die Philosophen sehen darin aber einen Beweis für ihre Darstellung der Kausalbeziehung. ʿAbd al-Qādir wendet zwei Argumente ein, warum dieses Wissen nicht ausreicht: Zum einen ist die Fähigkeit, diese Kausalbeziehungen zu verstehen, bei unterschiedlichen Menschen in unterschiedlichem Maße vorhanden, weshalb einige Menschen daraus keine Gewissheit erreichen. Zum anderen können die Wirkungen solcher Beobachtungen und Vermutungen nicht auf andere Ursachen bezogen werden, da die Möglichkeit besteht, dass es mehrere Ursachen für eine Wirkung gibt, d.h. über die Beobachtung und die Experimente hinausgehend können keine Rückschlüsse auf die kausalen Beziehungen in der Welt gezogen werden (MH S. 46, Abs. 2).

Die Differenz zwischen den Theologen und den Philosophen liegt also woanders. ʿAbd al-Qādir beschreibt daraufhin anhand al-Ġazālīs Hauptthese aus seinem Vorwort von *Tahāfut al-falāsifa* (Inkohärenz der Philosophen), der Streitpunkt zwischen den Philosophen und den anderen Weisen sei nur in einem Punkte vorhanden. Dieser Punkt sei nicht von tief gehender Bedeutung, da die Philosophen nicht die Grundlagen der religiösen Doktrin und die Notwendigkeit des Propheten bestreiten. Die Kontroverse liege weder im Glauben noch in den mathematisch-logischen Beweisen, denn auf beiden liegt kein Verdacht. Das Problem sei aber, dass vielen Auseinandersetzungen nicht dieselben Methoden zugrunde liegen, dabei ist doch „der vernünftige Feind besser als der dumme Freund" (MH S. 47, Z. 13). Der Streitpunkt zwischen den Philosophen und den Theologen laufe auf die eine Frage zu: Ist die Welt zeitlich erschaffen (ḥudūṯ) oder nicht zeitlich erschaffen bzw. ewig (qidam)? Wenn die zeitliche Erschaffung bewiesen ist, sind die anderen Streitfragen nutzlos, denn alles ist aus dem Willen (faʿl) Gottes entstanden (MH S. 46, Abs. 3 – S. 47, Abs. 1). Die prophetische Botschaft ist für ʿAbd al-Qādir also vollständig kongruent mit den modernen wissenschaftlichen Erkenntnissen. Solange der Mensch der zeitlichen Erschaffung der Welt durch Gott zustimmt, gibt es keinen Konflikt zwischen den Philosophen und den Theologen. Die Frage nach der Art und Weise der Erschaffenheit der Welt reflektiert die lange bestehende Auseinandersetzung zwischen Philosophie und Theologie und ist deshalb Thema von ʿAbd al-Qādirs folgender Argumentation für die Existenz Gottes.

4.6.3 *Die zeitliche Erschaffung der Welt*

Die hier von ʿAbd al-Qādir angesprochene Frage der Schöpfung der Welt ist zwischen der Theologie und der Philosophie in der gesamten Geschichte problematisch geblieben. Die Streitfrage, ob die Welt an einem Punkt der Zeit erschaffen wurde oder ewig ist, bestimmt das Verhältnis Gottes zu dem Universum und ist damit von großer Bedeutung. ʿAbd al-Qādir versucht die zeitliche Erschaffung der Welt zu erklären und gibt folgende Einteilung der geschaffenen Dinge: Die zeitlich erschaffene Existenz ist die Möglichkeit, dass etwas nach einer Materie verlangt. Dies sind die 1) Akzidenzien (maḥall), die der Materie innewohnen und dem nicht-wesentliche Eigenschaften anheften. Diese Akzidenzien sind entweder 2a) materielle Substanzen (ǧauhar) oder 2b) immaterielle Substanzen (muǧarrad). Die immateriellen Substanzen sind entweder die verursachenden Elemente (muaʾṯṯir) oder die lenkenden Elemente (mudabbir) oder keines von beidem (S. 50, Z. 12-15).

ʿAbd al-Qādir führt diese zwei Komponenten weiter aus und erklärt, die Akzidenzien sind die zehn Intellekte und ihre Wirkungen, die wiederum eine Wirkung Gottes sind, da es keinen Wirkenden außer Gott geben kann (S. 50, Abs. 3).[41] Die materiellen Substanzen benennt ʿAbd al-Qādir als die Lenker der Himmelskörper, was die neun Seelen (nufūs) der Himmelssphäre sind. Die immateriellen Substanzen sind die Lenker der Erdenkörper, die entweder die Arten sind, d.h. die Seelen der Erde, oder die Personen. Die Seelen der Erde sind die Engel des Himmels. Mit den Lenkern der Erdenkörper meint ʿAbd al-Qādir die Engel der Erde, „die Leute der Offenbarung beziehen sich auf sie als die Könige der Meere, der Berge, des Regens und des täglichen Brotes" (MH S. 51, Abs. 1, S. 53, Z. 1-2). Diese Engel sind entweder das Gute in sich selbst, also die guten Engel, oder das Böse in sich selbst, also die bösen Engel bzw. Satane, oder eine Mischung aus beidem, also die Dämonen/Geister (al-ǧinn) (MH S. 51).

ʿAbd al-Qādir geht nicht detaillierter auf die Diskussion zwischen den Philosophen und Theologen ein und gibt auch keine weiteren Erklärungen, warum die Welt zeitlich erschaffen worden sein muss. Stattdessen schildert er, wie die Erschaffung der Welt aus islamischer Sicht von statten ging. Sein Verständnis der Erschaffung der Welt baut auf den Bewegungen der Himmelssphären und Planeten auf: Die Wirkun-

41 ʿAbd al-Qādir weist explizit darauf hin, dass die zehn Intellekte nicht aus der philosophischen Emanationslehre entnommen sind, sondern sie bezeichnen „die höhere Menge im Brauch der Offenbarung" (ʿurf aš-šarʿ) (MH S. 50, Abs. 4, S. 52, Abs. 2).

gen des erhabenen Gottes und die Art und Weise seiner Bewirkungen der Pflanzen und Tiere geschieht auf der Seite der Erde mittels der Bewegung der Himmel und der Planeten. Dies wiederum geschieht durch den Gehorsam der Engel in der Bewegung der Himmel, ihr Denken über dieselben Himmel und Planeten sowie ihr Denken über die Zustände der vier Elemente und der Mineralien, Pflanzen, Tiere und besonders der Menschen (MH S. 50, Abs. 1). ʿAbd al-Qādir stellt eine Hierarchie in der physischen Welt auf. Zwischen der Welt der natürlichen Körper (al-ǧism aṭ-ṭabīʿī) und der göttlichen Welt gibt es verschiedene Engelswesen, die als Intellekte oder Seelen durch verschiedene Kräfte die Schöpfung lenken. Der Mensch ist das perfekteste Lebewesen, das als zusammengesetzter, vollkommener, natürlicher Körper wachsen, sich freiwillig bewegen und denken kann. Als Quelle seiner Darstellung führt ʿAbd al-Qādir nur den Namen Scheich Ibrāhīm an, der diese Gliederung in seinem Werk niedergeschrieben habe, in dem er über das Schicksal, die Vorsehung und die zeitliche sowie nicht zeitliche Erschaffung der Welt referiert.[42] Bestimmte Definitionen entnimmt ʿAbd al-Qādir wiederum al-Baidāwīs (gest. 1286/1316) Einteilung in seinem Werk *Ṭawāliʿ al-anwār min maṭāliʿ al-anẓār*.[43] ʿAbd al-Qādir verneint aber, dass dieses Werk Gottes durch die bloße Vernunft umfassend beschrieben werden kann. Die Vernunft nehme die „zwingende Weisheit" (al-ḥukm al-qāhira) und die „glänzenden Beweise" (al-dalāʾil al-bāhira) wahr, wird jedoch auch getäuscht in ihrer Wahrnehmung, da all das, was existiert, in unterschiedliche Geschlechter, Kategorien, Arten und Charakteristika eingeordnet ist (MH S. 50, Abs. 2).

ʿAbd al-Qādirs Beschreibung der Schöpfung zeigt einen philosophischen und einen mystischen Ursprung. Er benutzt genuin philosophische Begriffe und Vorstellungen, die auch bei Ibn Sīnā[44] zu finden sind und

[42] Die Identität des Scheich Ibrāhīm konnte ich hier nicht klären. Vielleicht meint er mit Scheich Ibrāhīm den Philosophen und Mystiker Mullā Ṣadrā, vielleicht ist es auch jemand Unbekanntes.

[43] al-Baidāwī setzt bspw. in seinem *Ṭawāliʿ al-anwār* den zehnten Intellekt bei den Philosophen, also den aktiven Intellekt, mit dem Geist (rūḥ) aus dem Koran (Sure 78, Vers 38) gleich. Auch die Klassifizierung der Engel ist in seinem Kommentar zu Sure 2, Vers 28 in *Ṭawāliʿ al-anwār* zu finden, vgl. Calverley (2010): „Nafs", in: Ei.

[44] In Ibn Sīnās Kosmologie, die auf Gelehrte wie Galen und Hippocrates aufbaut, finden sich die von ʿAbd al-Qādir beschriebenen zehn Gefühle wieder, fünf interne und fünf externe, sowie die zwei Kräfte Begierde und Wut für die tierische Seele und die zwei Kräfte der Praxis und der Theorie für die menschliche Seele, vgl. Nasr (1978): S. 250, 258 f. mit MH S. 51-53. Zu den zehn inneren Gefühlen des Menschen siehe auch MH S. 113 ff.

verbindet diese mit einer koranischen Wirklichkeit.[45] Diese koranische Wirklichkeit ist dann nur mit Hilfe der Offenbarungsschrift zu verstehen. Laut Nasr ist die Kosmologie eine Wissenschaft, die sich nicht vollständig in die Theologie integrieren lässt und zuallererst metaphysisch ist. Damit repräsentiert sie einen der universellen Aspekte der islamischen Tradition und überwindet einfacher die legalen und theologischen Differenzen im Islam.[46] Diese Überwindung der Differenzen hängt auch damit zusammen, dass die islamische Kosmologie dafür genutzt wurde, die Einheit von allem Existierenden zu erklären. Diese Einheit allen Daseins ist ein universelles Merkmal im orthodoxen Islam (al-tauḥīd), denn die Idee der Einheit der göttlichen Prinzipien und demzufolge auch die Einheit der Natur ist das Hauptmerkmal im Islam, auf das sich alles andere bezieht. Dieser Glaube zeigt sich auch in der sufischen Doktrin von der „Einheit des Seins" (waḥda al-wuǧūd), die besagt, dass es keine zwei Realitäten unabhängig voneinander geben kann.[47]

In ʿAbd al-Qādirs Schöpfungstheologie und auch seiner Bewertung der Kausalbeziehung kommt sein philosophisch-sufisches Religionsverständnis zum Vorschein. Dieses Verständnis spricht implizit von der dauernden Bewegung der Erschaffung von oben nach unten, um die kosmische Hierarchie aufrecht zu erhalten. In den einzelnen kosmischen Ebenen bewegen sich die verschiedenen Existenzen nach oben hin zur Quelle ihres Daseins und versuchen eine Vollkommenheit zu erreichen. Die Schöpfung an sich ist also eine dauernde Entwicklung hin zu einer Perfektion. Oliver Scharbrodt zieht in der Auseinandersetzung mit den modernen Wissenschaften zumindest zwei intellektuelle Konsequenzen aus dieser mystischen Metaphysik. Zum einen ist der Gedanke der Evolution, als Glaube an eine graduelle Perfektion des Menschen, in dieser Kosmologie schon eingebettet.[48] Zum anderen erklärt diese Kosmologie der

---

45 Seyyed Hossein Nasr betont in seiner Studie über die Kosmologie im Islam, dass sowohl die Lehren der Iḫwān aṣ-Ṣafāʾ (Die Brüder der Reinheit) vom Ende des 10. Jahrhunderts, deren Astrologie und Astronomie auch auf neuplatonische Quellen zurück geht und die durch ihre Synthese der Metaphysik mit dem Islam großen Einfluss bis in die orthodoxen Kreise gehabt haben, als auch Ibn Sīnās (980-1037) und al-Bīrūnīs (973-1051) Lehren in den Werken späterer Autoren, wie al-Ġazālī oder Ibn ʿArabī, teilweise in einzelnen Aspekten und teilweise auch vollständig wieder zu finden sind, vgl. Nasr (1978): S. 83 ff, 278. Mehr zu der *Risāla* der Iḫwān aṣ-Ṣafāʾ, vgl. Marquet (2010): „Ikhwān al-Ṣafāʾ", in: EI.

46 Es gibt auch starke Verbindungen zwischen dem neuplatonischen und dem Sufi Verständnis des Universums, al-Ġazālī widerspricht bspw. kaum der neuplatonischen Seelenlehre, Vgl. Sheikh (1963): S. 619 ff. in: HMP und Nasr (1978): S. 83.

47 Vgl. Nasr (1978): S. 4 ff.

48 Die Evolutionstheorie ist eines der ausschlaggebenden Prinzipien der Moderne im 19. Jahrhundert, bei der sich moderne Wissenschaftstheorie und Religion

Emanation, dass die Schöpfung eine Entwicklung ist, in der die Existenzen auf eine einzige Quelle zurückgehen und von da an komplexer und differenzierter werden. Dadurch werden die unterschiedlichen Erscheinungen in der physischen Welt erklärt und eine Lösung für ihre oberflächlichen Konflikte und Gegensätze geboten, denn alles geht auf die Ursache der Ursache Gott zurück und der ist eins und allein. Damit ist die Vielfältigkeit kein Konflikt der überwunden werden muss, sondern das natürliche Ergebnis der Schöpfung. Dieser Gedanke spiegelt sich auch in ʿAbd al-Qādirs ökumenischem Ansatz wider. In *al-Miqrāḍ al-ḥādd* ist dieser Ansatz schon vorhanden, aber in seinem zweiten Aufsatz geht er umfassender auf die Beziehungen zwischen den monotheistischen Religionen ein. Innerhalb seiner Kommentare zur Prophetie stellt er fest, dass die Hauptidee aller monotheistischen Religionen dieselbe ist, von Adam bis Muhammad. Im Mittelpunkt der Religionen stehen die Verehrung des gerechten und perfekten Gottes und die Aufforderung, menschliches Leben, Wohlstand und Vernunft auf der Erde zu schützen. Dass die einzelnen Praktiken und Gesetze in den unterschiedlichen Religionen zum Teil stark differieren, begründet er mit einer Art kulturellen Differenz: Die drei Religionen sind wie eine große Familie, in der die Kinder denselben Vater, aber unterschiedliche Mütter haben (DA S. 76 ff.). Der Glaube an die Einheit der Differenz ist also Ursprung der islamischen Kosmologie und ebenso Kern der islamischen Theologie, wodurch ʿAbd al-Qādir sein pluralistisches Religionsverständnis in Einklang mit seinem Glauben und seiner Tradition entwickeln kann. Sein pluralistisches Religionsverständnis zeigt sich auch wieder in seiner nun folgenden Argumentation für die Existenz der Propheten und ihrer Botschaften.

4.7 Die Existenz der Propheten und der Offenbarung

In ʿAbd al-Qādirs Beweisführung für die Wahrheit der Offenbarung und der Propheten zeigt sich deutlicher, in welche Beziehung er das Vernunft- und das Offenbarungswissen setzt. Die Vernunft, obwohl sie Gott eigen ist, kann für ihn nicht das Wissen erzeugen, das sich Gott

voneinander abgrenzten. Einer der wichtigen Vertreter der Evolutionstheorie ist der britische Philosoph Herbert Spencer (1820-1903). Der Naturforscher Charles Darwin (1809-1882) veröffentlichte sein Buch *On the Origin of Species* im Jahr 1859, vgl. Scharbrodt (2007): S. 102 ff. Es ist nicht nachvollziehbar, inwieweit ʿAbd al-Qādir Mitte des 19. Jahrhunderts über die Evolutionstheorie der modernen Wissenschaften aufgeklärt war, doch es ist interessant zu sehen, dass seine religiöse Auffassung mit dem Evolutionsgedanken in Einklang zu bringen ist.

nähert und ihn verehrt. Aber nur dieses Wissen und die Nähe zu Gott resultieren in den Glauben an und den Gehorsam gegenüber Gott. Der Gehorsam wird von Gott belohnt sowie die Ferne und der Unglaube bzw. Ungehorsam von ihm bestraft werden (MH S. 153, Abs. 1). Die Vernunft sei nicht in der Lage, deutlich den Ungehorsam von dem Gehorsam zu unterscheiden, weshalb die Vernunft nach der Offenbarung und dem Propheten verlangt. Die folgende Beweisführung für seine Schlussfolgerung ist ohne Quellenangabe, ʿAbd al-Qādir entnimmt diese aber vollständig von al-Ġazālī.[49]

Wenn der Gehorsam durch die Vernunft auferlegt würde, wäre es entweder ohne Vorteil, was unmöglich ist, da die Vernunft nichts auferlegt, was sinnlos oder nutzlos ist, oder es wäre für einen Vorteil und ein egoistisches Ziel. Der letztere Beweggrund muss sich entweder auf Gott (al-maʿbūd) beziehen, was unmöglich ist, da er über allen egoistischen Zielen und Begierden steht – Glaube und Unglaube, Gehorsam und Ungehorsam sind in Beziehung zu Gott einander gleich – oder es muss sich auf die egoistischen Ziele des Menschen (al-ʿabd) beziehen, was auch unmöglich ist, denn sein Vorteil ist entweder in dieser Welt oder der nächsten. In dieser Welt (al-ḥāl) hat er keinen Vorteil, außer solche, die ihm Mühe kosten oder ihn von seiner Hingabe an die sinnlichen Begierden ablenken. In der jenseitigen Welt (al-māl) erwartet ihn nichts, außer Belohnung und Bestrafung,[50] also „woher weiß [der Mensch], Gott belohnt den Gehorsam [und Ungehorsam] und bestraft ihn nicht, obwohl der Gehorsam und der Ungehorsam in Gott einander gleichen und er keine Vorliebe für oder Identifikation mit dem einen oder dem anderen hat“ (MH S. 154, Z. 8-10). Das Wissen über Gott und der Gehorsam gegenüber ihm ist also eine Pflicht, die durch Gottes Befehl und Gesetz den Menschen auferlegt ist und nicht durch die Vernunft.[51] ʿAbd al-Qādir erklärt die durch die Exegese gewonnenen Glaubensdoktrinen also für notwendig und allgemein gültig, da der Mensch nur

---

49 Vgl. MH S. 154, Z. 1-10 mit al-Ġazālīs *Risāla al-qudsīya*, Glaubenssatz 3, Teil 8. zitiert nach Tibawi (1965): al-Ghazālī's Tract on Dogmatic Theology, S. 26, Z. 27 - S. 27, Z. 4. Diese Abhandlung ist auch in seinem Werk *Iḥyāʾ ʿulūm ad-dīn* enthalten.

50 Durch den Vergleich mit al-Ġazālīs Originaltext zeigen sich die ortographischen Fehler in ʿAbd al-Qādirs Textversion: dort steht *maḥāl* anstelle von *ḥāl*, was Tibawi als diesseitige Welt übersetzt und *miṯāl* anstelle von *māl*, was Tibawi als jenseitige Welt übersetzt. Ohne diese Konnotation ergibt der Vergleich in ʿAbd al-Qādirs Text keinen Sinn. Da die Wörter orthographisch sehr ähnlich sind (المحال / الحال و المثال / المآل), gehe ich eher von einem Editionsfehler aus.

51 Die Auferlegung durch die Vernunft wurde von der Muʿtazila vertreten. al-Ġazālī wendet sich mit seinem Argument gegen diese, vgl. Tibawi (1965): S. 26, Z. 27.

durch die Kenntnis Gottes den Gehorsam gegenüber Gott als „gute" (ḥasan) und den Ungehorsam gegenüber Gott als „schlechte" (qabīḥ) Eigenschaften unterscheiden kann (MH S. 153, Abs. 1). Indem ʿAbd al-Qādir die Vernunft außer Stande erklärt, die menschliche Beziehung zu Gott aus rationalen Überlegungen zu erkennen und zu definieren, beschränkt er die objektive Realität der Moral. Zuvor argumentierte ʿAbd al-Qādir schon, die Vernunft sei darin begrenzt ein moralisches Bewusstsein zu entwickeln.[52] Diese Begrenzung der Vernunft entspricht auch der orthodoxen Lehre, denn nur die Philosophen vertraten die Vorstellung einer vollständig rational erkennbaren Moral.[53]

ʿAbd al-Qādir beweist die Existenz der Propheten dann nach Faḫr ad-Dīn ar-Rāzīs Buch *al-Maṭālib al-ʿālīya* anhand zweier Argumente. Das erste Argument beweist die Existenz der Propheten anhand der Wundertaten. ʿAbd al-Qādir erklärt, dass Menschen, die keinen festen Glauben haben (maraḍ al-qalb), nicht geheilt werden können, wenn sie sich mittels der Vernunft an Gott wenden (MH S. 157, Abs. 2). Auch leitet die Vernunft den Menschen nicht zu Handlungen, die ihn im Jenseits erretten, genauso wie die Vernunft den Menschen nicht zu der Medizin leitet, die für seine Gesundheit im Diesseits nützlich ist. Die Menschheit ist also auf die Propheten angewiesen, ebenso wie auf die Ärzte, wobei die Wahrheit der Medizin anhand von Experimenten bewiesen wird und die Wahrheit der Botschaft anhand der Wunder (MH S. 157, Abs. 2).[54] Er bestärkt an dieser Stelle aber noch einmal die Unmöglichkeit, einen Widerspruch zwischen dem Vernunftwissen und dem Offenbarungswissen anzunehmen (MH S. 157, Z. 10/11). Im Gegenteil, die Vernunft ist für ʿAbd al-Qādir in der Lage, die Offenbarung zu verstehen und ihre Wahrheit zu beweisen (MH S. 156, Abs. 2). Diese Behauptung stützt er durch einen zweiten, rationaleren Beweis für die Prophetie Muhammads, auch nach Faḫr ad-Dīn ar-Rāzī.

ʿAbd al-Qādirs Argumentation baut auf vier Bedingungen auf: 1) Der Mensch ist in der Lage, sein theoretisches und praktisches Potential zu vervollkommnen, d.h. er kann die Wahrheiten und Irrtümer erkennen, Recht schaffend handeln, sich von den körperlichen Freuden abwenden und sich zugleich der spirituellen Welt zuwenden. 2) Die Menschen können in Bezug auf ihre theoretischen und praktischen Fähigkeiten in drei Gruppen geteilt werden. Die Mehrzahl der Menschen haben eine geringe Kenntnis und viele Mängel. Die zweite und kleinste Gruppe ist

52 Vgl. K. 4, S. 65 ff. in dieser Arbeit.

53 Vgl. Hildebrandt (2004): S. 246.

54 Hier zitiert er al-Ġazālī, vgl. MH S. 157, Z. 15-18 mit *Risāla al-qudsīya*, Glaubenssatz 3, Teil 9, zitiert nach Tibawi (1965): S. 27, Z. 27-30.

vollkommen in beiden Bereichen, aber nicht in der Lage, die Mängel zu beheben. Die dritte Gruppe (die Propheten) kann sogar die erkannten Fehler beseitigen. 3) Die Stufen der Defizite und der Vollkommenheit in den theoretischen und praktischen Fähigkeiten sind endlos gemäß ihrer Stärke, Schwäche, Vielheit und Wenigkeit. 4) Zweifelsohne muss es einen Menschen in der Welt geben, der weit entfernt ist von den Mängeln und der Wenigkeit. Die Schlussfolgerung lautet, dass die Unterschiede in der Schöpfung in ihren unterschiedlichen Klassen liegen. Es gebe Menschen, die in Bezug auf ihre Mangelhaftigkeit und Wenigkeit des Verstandes nahe an den Tieren sind. Auf der anderen Seite gebe es unter den Lebewesen keines, das vollkommener ist als der Mensch. Demnach ist es unbezweifelbar, dass es zu jeder Zeit einen Menschen gibt, der vollkommene und bessere theoretische und praktische Fähigkeiten und Eigenschaften besitzt als andere Menschen. Die Propheten seien solche Pole (quṭb) der Menschheit (MH S. 159-161).

Damit sind die Propheten für ʿAbd al-Qādir nicht nur intellektuelle Autoritäten aufgrund ihrer Rolle als Rezipienten der Botschaft, sondern die Propheten sind außerordentliche, mystisch inspirierte und intellektuell begabte Persönlichkeiten. Dieses Verständnis von den Propheten wurde schon von muslimischen Philosophen wie Ibn Sīnā vertreten. Die „Pole der Menschheit" spielen aber vor allem in der Sufi Theologie eine bedeutende Rolle. Dort sind sie vollkommene Menschen (insān al-kāmil), die an der Spitze der spirituellen Hierarchie und zwischen der göttlichen und der menschlichen Welt stehen.[55] Sait Özervarli identifiziert diese Art des Beweises, also die Betonung des Individuums und seiner Hingabe für die Gemeinschaft, als einzigen angewandten Beweis für die Existenz des Propheten in reformerischen Schriften Ende des 19. Jahrhunderts. Die Gelehrten konnten prophetische Wunder nicht mehr als zeitgemäßen Beweisgrund akzeptieren, da sie sonst die Natur als vollständig abhängig von Gottes Willen und Wirken erklären müssten.[56]

ʿAbd al-Qādir bietet noch eine dritte rationale Erklärung, um die Wahrheit der Prophetie zu beweisen. Der Beweis der Botschaft von den Propheten findet nicht nur durch die Augenzeugen und Zeitgenossen statt, sondern auch, weil die Botschaft die Menschheit in einer Aufeinanderfolge erreicht: durch Noah, Abraham, Moses, Jesus und Muhammad. Weil die Propheten von konkreten Geschehnissen berichten, die vielen Menschen widerfahren sind, ist die Vernunft zu der Einsicht gezwungen, dass diese keine Lügen sein können (MH 163, Abs. 2). Konkrete Ge-

---

55 Vgl. Scharbrodt (2007): S. 105 ff.

56 Vgl. Özervarli (1999): S. 103.

schehnisse unterscheiden sich nämlich radikal von rational abstrakten Überlegungen, denn die Letzteren können Fehler enthalten. Die nicht zeitliche Erschaffung der Welt, die den Philosophen berichtet wurde, bezeichnet ʿAbd al-Qādir als solch einen Fehler. Die Realität der erlebten Geschehnisse sei auch nicht bedingt durch einen gemeinsamen Gerechtigkeitssinn und auch nicht durch die Tatsache, dass Menschen einer bestimmten Religion oder einem Land angehören. Das Wissen über die Botschaft der Muslime werde auch von vielen Christen erzählt und umgekehrt (MH S. 163, Abs. 2).

Dieser letzte Beweis zeigt, wie der Zweifel an dem Propheten Muhammad direkte Konsequenzen für die gesamten „Buchreligionen" Judentum und Christentum hat. Die Offenbarungen der drei monotheistischen Religionen bestehen über religiöse, kulturelle und ethnische Grenzen hinweg. Diesen Gedanken untermauert ʿAbd al-Qādir in dem darauf folgenden Kapitel über die einzelnen Propheten und ihre Botschaften noch einmal, indem er Ibn al-ʿArabī zitiert. Dieser erklärt die Prophetie nur mit den Propheten Adam, Noah, Moses, Jesus und Muhammad als vollkommen. Diese Propheten stehen für einen Teil der Botschaft und sind wie die fünf Finger einer Hand, die nur mit exakt dieser Anzahl an Fingern vollkommen sein kann (MH S. 186 Abs. 3). ʿAbd al-Qādir ordnet an mehreren Stellen den anderen „Buchreligionen" Judentum und Christentum und ihren Propheten ihren Platz innerhalb der islamischen Lehre zu und ermöglicht damit eine pluralistische Synthese. Im Gegensatz zu anderen Sufis und Reformern, wie bspw. Ḫālid an-Naqšbandī, der seine Lehre auf die Wiederbelebung der Orthodoxie fokussierte und gleichzeitig Christen, Juden und Perser als „verfluchte Feinde" bezeichnet,[57] hatte ʿAbd al-Qādir eine tolerante Einstellung. Sein aktiver Beitrag zum Schutz von tausenden Christen bei dem Massaker im Jahr 1860 in Damaskus verdeutlicht, wie er diese Überzeugung umsetzte.[58] Er schrieb an einen französischen Freund:

> Ich bin heute so tolerant geworden, ich respektiere alle Menschen, welche Religion auch immer sie haben. Ich riskiere sogar ein Beschützer von dummen Tieren zu werden. Gott hat die Menschen erschaffen, um ihm zu dienen, nicht um anderen Menschen zu dienen.[59]

---

57 Vgl. Abu-Manneh (1982): S. 15.

58 Zunächst kam es zu Konflikten zwischen Drusen und maronitischen Christen im Libanon und brutale Übergriffe weiteten sich gegen die Christen in Damaskus aus. ʿAbd al-Qādir erhielt sogar eine Ehrung durch Napoleon III, vgl. Commins (1990): S. 12, Schilcher (1985): S. 87, 199. Sowie Khoury (1983): Urban Notables and Arab Nationalism, S. 8, 34.

59 Werner (2010): Abs. 24.

5. ʿAbd al-Qādirs Mittelweg: „Das Moderate ist das beste"

Die im zweiten Kapitel dieser Arbeit geführte Diskussion, über die Bedeutung von Tradition und die Konzeptualisierung des Islam als Tradition, erlaubte es mir, einen Untersuchungsrahmen für die Textanalyse zu schaffen, in welchem ich ʿAbd al-Qādirs intellektuellen Bezug auf vergangene Argumente und Auslegungen in Auseinandersetzung mit der Moderne beschreiben konnte. Den Islam als diskursive Tradition zu beschreiben ist in diesem Zusammenhang wichtig, da der Leser nur so verstehen kann, wie Muslime versuchen, bestimmte Diskurse zu verändern und umzuleiten, um in verschiedenen Epochen unterschiedlichen Herausforderungen und Konflikten zu begegnen. Bedeutend ist auch, der Islam, der mit Dogmen und Glaubenssätzen umgeht, besitzt selbst traditionsimmanente Mechanismen der Erneuerung und kann nicht als statisch beschrieben werden.

In der Kontextanalyse im dritten Kapitel dieser Arbeit konnte ich die Frage klären, mit welchen Konflikten und Herausforderungen ʿAbd al-Qādir tatsächlich umzugehen hatte. Im Leben ʿAbd al-Qādirs stellen sich zwei Herausforderungen als wichtig für das Verständnis seiner intellektuellen Arbeit dar. Die größte gesellschaftliche und politische Aufgabe für ihn war der europäische Kolonialismus. Durch seinen bewaffneten Kampf gegen Frankreich wurde ihm die Notwendigkeit von moderner Wissenschaft und dem technischen Fortschritt, den diese Wissenschaft mit sich bringt, bewusst. Durch die Textanalyse im vierten Kapitel dieser Studie konnte ich nachweisen, dass ʿAbd al-Qādir seine positive Einstellung gegenüber der technischen und wissenschaftlichen Modernisierung in sein religiöses Verständnis integrierte. Die zweite große gesellschaftliche Entwicklung, mit der ʿAbd al-Qādir konfrontiert war, war die zunehmende gesellschaftliche Säkularisierung. Die sich verändernde Beziehung zwischen Religion und Gesellschaft erlebte er in Frankreich und auch in seiner Zeit in Damaskus schritt eine merkliche Säkularisierung seit den Tanzimat Reformen des späten Osmanischen Reiches voran.[1] Auf diese Herausforderung reagierte er in Damaskus mit einer Agenda zur Reform des religiösen Denkens, die Weismann als Neudefinition des Verhältnisses zwischen Rationalismus und Mystik bezeichnet.[2]

---

1 Vgl. Commins (1990): Islamic Reform, S. 12 ff.

2 Vgl. Weismann (2001a): S. 216.

Zu Anfang dieser Studie stehen drei Ausgangsfragen: 1) an welche diskursive Tradition des Islam über die Vernunft knüpft ʿAbd al-Qādirs Text an; 2) welche Aussagen werden anhand des Textes über die intellektuellen Tendenzen und Auseinandersetzungen innerhalb der islamischen Moderne vermittelt und 3) inwieweit können ʿAbd al-Qādirs Auslegungen im Kontext als erneuernd betrachtet werden. Abschließend beantworte ich diese drei Themenbereiche anhand der Ergebnisse dieser Studie. Zuerst verorte ich ʿAbd al-Qādirs postulierte Symbiose aus Vernunft und Offenbarung innerhalb der theologischen Diskussion. Zweitens beschreibe ich den Untersuchungsrahmen, innerhalb dessen ʿAbd al-Qādir argumentiert, um dadurch seinen Text in der arabisch-islamischen Tradition zu positionieren. Drittens erläutere ich, in welchem Verhältnis Rationalismus und Mystik in seiner ersten Abhandlung stehen, denn seine späteren Bemühungen, das religiöse Denken zu reformieren, sind mit seinem Ansatz verknüpft, sowohl der Mystik als auch dem Rationalismus im Islam einen bestimmten Platz zu zuweisen.

5.1 Die Symbiose von Vernunft- und Offenbarungswissen

Der Gegenstand von ʿAbd al-Qādirs Abhandlung ist seine Argumentation für die Symbiose von Vernunft und Offenbarung im Islam. ʿAbd al-Qādir vertritt die Position, Vernunftwissen und Offenbarungswissen können sich nicht widersprechen und die Existenz Gottes und die Wahrheit der prophetischen Botschaft können anhand vernunftbasierter Argumente erkannt und begründet werden. Die Frage, ob theologische Wahrheit durch die Vernunft oder nur durch die Offenbarung entdeckt werden kann, ist ein im Mittelalter viel debattiertes Problem. ʿAbd al-Qādir bezieht sich für seine Argumentation auch mehrheitlich auf Gelehrte aus dem 10. bis 15. Jahrhundert. Die Meinung, der Islam stimme mit der Vernunft überein, dominierte die Diskussion und dies unabhängig von den unterschiedlichen Schulen und deren Einstellungen zu einer literalistischen oder allegorischen Exegese des Koran.[3]

Nach einer langen Pause an Debatten und Auseinandersetzungen in der islamischen Theologie seit dem 14. Jahrhundert, ist erst im 19. und beginnendem 20. Jahrhundert ein allgemeines Aufleben der theologischen Wissenschaft zu erkennen. Diese Theologen betonen zumeist das vernunftgeleitete Wissen im Islam, was häufig als Anstrengung betrachtet wird, einen wissenschaftlichen Fortschritt in der Gesellschaft voranzutreiben, denn der westliche Rationalismus wurde weitgehend mit

[3] Vgl. von Kügelgen (2010): S. 601.

dem Empirismus und Materialismus identifiziert.[4] Die Übereinstimmung von Vernunft- und Offenbarungswissen wurde gegen Ende des 19. Jahrhunderts am prominentesten durch den ägyptischen Reformer Muḥammad ʿAbduh vertreten, der in seinen theologischen Werken die Grundzüge der aschʿaritischen und maturiditischen Lehre vertrat und auch Zugeständnisse an die Lehren der muslimischen Philosophen machte.[5] Doch auch aktuell wird der Islam von der Mehrheit der muslimischen Elite als Vernunftreligion verstanden, was muslimische Reformer verschiedener Prägung weltweit miteinander verbindet.[6]

In der rationalistischen Tradition des Islam gibt es zwar keine geradlinige Entwicklung von Ideen über die Relation von Vernunft und Offenbarung, aber in der islamischen Theologie gab es sehr früh Auseinandersetzungen zwischen denjenigen, die das rationale Schlussfolgern gegenüber der Offenbarung bevorzugten (mutakallimūn) und denjenigen, die das Wissen durch die Offenbarung über die Rationalität stellten (ahl as-sunna wa'l-ǧamāʿa). Vor allem gibt es keine strikten Trennungslinien zwischen diesen beiden Polen. Viele Gelehrte im Islam gehören in unterschiedlichen Fragen beiden Denkrichtungen an.[7]

Anke von Kügelgen hinterfragt in ihrem Thesenpapier anhand einer Auswahl an Schriften prominenter Theologen und Philosophen aus dem 11. bis 14. Jahrhundert die noch verbreitete Annahme, traditionalistische Theologen seien allgemein vernunftfeindlich und die rationalistischen Theologen hätten die Einheit von Vernunft und Offenbarung vorangetrieben. Dass die Traditionalisten sich gegen die Rationalisten seit dem 11. Jahrhundert durchgesetzt haben, kann aber nicht mit einer Abkehr vom Rationalismus gleichgesetzt werden. Neuere Forschungen haben gezeigt, der Traditionalismus setzte sich durch, nicht weil dieser Logik ablehnte, sondern weil dieser Logik in die theologischen Argumentationen integrierte. Dadurch konnten logische Argumentationen innerhalb der islamischen Tradition umdefiniert werden, ohne diese Tradition zu zerlegen und unbrauchbar zu machen.[8] Die koranisch legitimierte aristotelische Logik, die Syllogistik, und die allegorische und metaphorische Koran Exegese (taʾwīl) sind zuerst im 11. Jahrhundert in die islamische Dog-

4 Vgl. Commins (1990): S. 27 sowie Hildebrandt (2007): Neo-Muʿtazilismus?, S. 94 und vgl. „Theological Rationalism", in: EB, S. 1180.

5 Vgl. Madelung (1987): „Religiöse Literatur", S. 336. Sowie von Kügelgen (2010): „Vernunftreligion Islam", S. 604.

6 Vgl. von Kügelgen (2010): S. 604.

7 Vgl. Tritton (1965): „Reason and Revelation", S. 630. Sowie Abrahamov (1998): Islamic Theology, S. IX.

8 Vgl. Haj (2009): S. 190. Sowie von Kügelgen (2010): S. 608 ff.

menlehre eingezogen und bis zum 14. Jahrhundert durchlief die Theologie eine allgemeine Rationalisierung in Form einer philosophischen Intellektualisierung. Während des 14. Jahrhunderts hat sich die Diskussion um das Verhältnis von Vernunftwissen und Offenbarungswissen innerhalb der Theologie ausgelotet, so dass insgesamt eine Einigkeit unter den Philosophen und Theologen vorherrschte, dass Vernunftwissen und Offenbarungswissen dieselbe Wahrheit enthalten.[9]

Obgleich die Theologen allgemein eine Symbiose von Vernunft und Offenbarung vertraten, war diese äußerst heterogen.[10] Von Kügelgen kann zeigen, hinter diesem gemeinsamen Standpunkt verbergen sich oft tiefgreifende methodische Unterschiede. Sobald es nämlich zu Widersprüchen zwischen dem Vernunft- und dem Offenbarungswissen kommt, unterscheiden sich die Philosophen und die Theologen in ihren jeweiligen Lösungsansätzen. Die Philosophen und die Theologen, die den Koran allegorisch interpretieren, erkennen die aristotelische Logik als universelles Instrument der Vernunft an, wobei die Theologen, die den Koran literalistisch interpretieren, allein die im Koran offenbarten Vernunftschlüsse akzeptieren. Die Allegoriker und die Philosophen vertreten dann die Ansicht, im Falle eines Widerspruchs zwischen dem Vernunftwissen und dem Offenbarungswissen, muss die Offenbarung nach ihrem inneren Sinn gedeutet werden, da es keinen Widerspruch geben kann. Die Literalisten hingegen geben in solch einem Falle dem äußeren Wortlaut der Offenbarung den Vorzug, da die menschliche Vernunft dem Irrtum verfallen kann. Das Verständnis von Vernunft und auch das Wesen der Religion können also sehr unterschiedliche Formen annehmen, so dass die postulierte Einheit von Vernunft und Offenbarung häufig untergraben wird. Gemeinsam ist den Theologen und Philosophen die Ablehnung einer partikularen Vernunft und der Anspruch, ihr jeweiliges Verfahren sei universell gültig.[11]

ʿAbd al-Qādir nutzt in seiner Abhandlung Logik und rationale Argumentationen, um die Wahrheit der Religion zu beweisen, doch inhaltlich unterscheidet er das Offenbarungswissen von dem Vernunftwissen. Diese Differenz bedeutet für ʿAbd al-Qādir aber nicht, dass es einen Widerspruch zwischen dem Vernunftwissen und dem Offenbarungswissen geben kann, denn das offenbarte Wissen, das durch die Propheten gelehrt wurde, ist in keinem Falle konträr zur Vernunft, aber es ist anders. Prophetisches Wissen ist daher unentbehrlich für das durch die Vernunft er-

---

9 Vgl. von Kügelgen (2010): S. 607.

10 Vgl. ebd.: S. 601.

11 Vgl. ebd.: S. 632.

langte Wissen und umgekehrt. Religiöses Wissen vermittelt Erkenntnisse, die der rationale Geist nicht aus sich selbst heraus erkennen kann. Der Mensch erlangt dieses Wissen durch die Prophetie und akzeptiert es dann, durch seine Vernunft überzeugt, als wahres Wissen.

ʿAbd al-Qādir äußert sich nicht zu der Frage, wie in einem Konfliktfall zwischen Vernunft- und Offenbarungswissen vorzugehen ist, doch seine strikte Befolgung der Schariʿa zeigt seine Nähe zur literalistischen Ebene der Schrift. Autoren wie ar-Rāzī nutzen die allegorische Koran Exegese. Doch Gelehrte wie al-Ġazālī betrachten die rein allegorische Koran Exegese als Produkt der rationalistischen Theologie und lehnen diese ab (MH S. 46, Abs. 3). Auch ʿAbd al-Qādir klagt in seinem *Kitāb al-mawāqif* an, dass die Menschen, die sich nur durch ihre Vernunft leiten lassen, die prophetische Botschaft nur dann akzeptieren, solange sie mit ihrer Logik in Einklang steht. Angenommen, es gäbe einen Widerspruch zwischen einem Koran Vers und der Vernunft, dann interpretieren die Rationalisten die Botschaft allegorisch (taʾwīl) und wenn sie daran scheitern, dann lehnen sie den Vers vollständig ab. Das bedeute aber, nicht Gott ist die Quelle des Koran und der Sunna, sondern die Vernunft (KM 358, 106).

In seinen späteren Werken verfolgt ʿAbd al-Qādir die Methode des spekulativen Sufismus, in der Art des „esoterischen Literalismus" eines Ibn al-ʿArabī.[12] Es handelt sich hierbei um eine Methode, welche die literalistische Botschaft des Koran beachtet und verfolgt, aber gleichzeitig den Koran nicht für statisch hält. Die koranische Botschaft wird als eine immer währende Erneuerung verstanden, da es immer neue Interpretationen gibt, die nicht der Tradition widersprechen, ihr aber stetig neue Bedeutungsebenen eröffnen, die sowohl durch mystische Erfahrung als auch durch die Vernunft offenbar werden (KM 1). In seinem späteren Leben vereinte ʿAbd al-Qādir also die vernunftgeleitete allegorische Interpretation mit der mystisch intuitiven Interpretation. Die Grenzen zwischen Vernunft und Offenbarung zeichnet ʿAbd al-Qādir in seinem *Kitāb al-mawāqif* noch eindeutiger: Die Vernunft ist begrenzt und an ihre eigenen Regeln gebunden, Gott steht aber über diesen Regeln. Im Allgemeinen steht für ʿAbd al-Qādir das Wissen über Gott, welches durch Erleuchtung oder Eingebung (al-kašf) erlangt wird, über dem rational erworbenen Wissen.[13]

Ein Großteil der Auseinandersetzungen in ʿAbd al-Qādirs Text findet im Austausch mit den Thesen der Philosophen statt. Er diskutiert seine

12 Vgl. Mayer (2008): „Theology and Sufism", S. 283.
13 Vgl. Commins (1988): S. 129.

Auslegungen und Argumentationen oft in Abgrenzung von den Philosophen und misst damit seine Auffassung von Religion und Vernunft an der philosophischen Rationalität. Die Philosophie (falsafa), die im frühen Islam den Korpus der aristotelischen, platonischen und neuplatonischen Schriften sowie ihre muslimischen Interpreten umfasst, betrachtet die Vernunft allerdings als eine kosmologische Größe und unterscheidet sich hiermit von den Theologen. Die Letzteren verstehen die Vernunft als von Gott eingegebene Fähigkeit, die durch Erfahrungs- und Offenbarungswissen zur Entfaltung gelangen kann. ʿAbd al-Qādir will an mehreren Stellen zeigen, dass die Philosophen in ihren Auffassungen von der Funktionsweise der menschlichen Vernunft und den Methoden der Wahrheitsfindung und der Beweisführung in hohem Maße mit den Theologen übereinstimmen, die auch die aristotelische Logik in ihre Lehre einbezogen. Er geht so weit, zu behaupten, der einzige Streitpunkt zwischen beiden sei die zeitliche oder nicht-zeitliche Erschaffung der Welt, denn auf wissenschaftlicher Ebene gäbe es keine Differenzen. ʿAbd al-Qādir wehrt sich nicht gegen den methodischen Nutzen des Rationalismus innerhalb der Theologie und auch nicht gegen die rationalen Erkenntnisse außerhalb der Theologie. Doch schließlich stehen für ihn die Vernunft und die Offenbarung für unterschiedliche Wissensformen, die sich gegenseitig bereichern und sich niemals ausschließen können. Die Vernunft könne aber keine Autorität gegenüber der Offenbarung erheben, da das Wissen über das Jenseitige und über Gott nicht durch vernünftige Schlussfolgerungen erlangt werden kann. Im Umkehrschluss könne die Offenbarung keine Geltungsansprüche gegenüber rationalen Erkenntnissen erheben.

5.2 ʿAbd al-Qādirs Bezug auf das arabisch-islamische Erbe

ʿAbd al-Qādir bedient sich in seiner Verteidigung der islamischen Vernunft zahlreichen Quellen. Viele Abschnitte enthalten Quellenangaben und aufgrund seiner klassischen Ausbildung in der traditionellen wie rationalen Wissenschaft ist davon auszugehen, dass er durchgehend die genannten Autoren referiert und zitiert.[14] Seine genauen Angaben erwecken den Eindruck, als ob er seine Gelehrsamkeit unter Beweis stellen will. Sie verweisen aber auch auf eine Wissenschaftlichkeit, mit der er eventuell gerade europäische Gelehrte ansprechen will. Der gemäßigte Ton al-Ġazālīs nimmt dann einen prominenten Platz ein. ʿAbd al-Qādirs gesamte Definition der Vernunft stammt von ihm und er übernimmt wei-

[14] Zu seiner klassischen Ausbildung vgl. K. 3, S. 37 in dieser Arbeit.

tere Passagen von al-Ġazālī. Doch ʿAbd al-Qādirs rationale Argumente für die Existenz Gottes und die Propheten stammen beide von Faḫr ad-Dīn ar-Rāzī. Diese beiden Gelehrten stellen eine Ausnahme innerhalb der Theologie dar, denn beide hatten umfangreiches Wissen und auch Interesse an der islamischen Philosophie und wandten diese auch in ihrer Theologie an. Insgesamt erwähnt ʿAbd al-Qādir nur an drei Stellen Standpunkte, die er ablehnt: die Definition der Vernunft der *mutakallimūn*, Ibn al-Qaiyīm al-Ǧauzzīyas Auffassung der Kausalbeziehung und die Schöpfungstheologie der Philosophen. Im Folgenden ordne ich die Personen, die ʿAbd al-Qādir zitiert, in die diskursive Tradition des Islam ein. Durch diesen Bezug kann ich erstens einen Einblick in die historische und inhaltliche Bedeutung der zitierten Werke und Autoren geben und zweitens kann ich den Untersuchungsrahmen von ʿAbd al-Qādirs Argumentation offen legen.

Die Werke, die ʿAbd al-Qādir in dem von mir analysierten Abschnitt zitiert, stammen von klassischen Theologen, die dem Gebrauch philosophischer Methoden nicht abgeneigt waren. Er zitiert keinen Autor der Werke, die er tatsächlich vor Ort hatte, wie Abū ʿAbd Allāh as-Sanūsī (1435-1490).[15] ʿAbd al-Qādir bedient sich in seiner Argumentation Texten der rationalistischen Tradition innerhalb der orthodoxen sunnitischen Mehrheitsmeinung, er nimmt eine orthodoxe Position im Sinne der aschʿaritischen Schule ein. Diese Schulrichtung erlangte seit dem 12. Jahrhundert eine Vormachtstellung und Deutungshoheit, die von der Mehrheit der Sunniten geduldet wird.[16] Im Sinne des Aschʿarismus negiert ʿAbd al-Qādir die *kalām* Tradition der rationalistischen Theologen, wie der Muʿtazila Bewegung. Diese Abneigung gegen die Muʿtazila war im 19. Jahrhundert Konsens unter den sunnitischen Theologen, da diese ihre Thesen als häretisch und lange überwunden verstanden haben. Wenn sich die Gelehrten mit den Lehren der Muʿtazila beschäftigten, dann nur, um diese zurückzuweisen.[17] ʿAbd al-Qādir spricht sich ebenso gegen die literalistische Schule aus, vertreten durch Gelehrte wie Ibn al-Qaiyīm al-Ǧauzzīya (1292-1350),[18] und auch wenn ʿAbd al-Qādirs

15 Wenigstens in dem in dieser Arbeit untersuchten Abschnitt trifft dies zu.

16 Der Gelehrte Abū al-Ḥasan al-Ašʿarī (873-935) trug entscheidend zu der Rationalisierung der orthodoxen Theologie bei, Vernunft ist in seiner Theologie aber nicht die Quelle absoluter Wahrheit, sondern vielmehr die Bestätigung des Offenbarungswissens, d.h. im Zweifelsfalle soll die Offenbarung bevorzugt werden. Vgl. Vgl. Abdul Hye (1963): „Ashʿarism“, in: HMP, S. 230 ff. Sowie Watt (2010): „al-Ashʿarī“, in:Ei und Hildebrandt (2007): S. 92 ff.

17 Hildebrandt weist daraufhin, dass den Gelehrten auch das Wissen über die Lehren der Muʿtazila fehlte. Vgl. Hildebrandt (2007): S. 116 ff.

18 Vgl. K. 4, S. 78 in dieser Arbeit.

Sprache stark von philosophischen Begriffen durchtränkt ist, ist er aber klar von den muslimischen Philosophen zu trennen (MH S. 22-23).

Eine systematische Darstellung der Hauptprinzipien der aschᶜaritischen Doktrin ist in al-Ǧuwainīs (1028-1085) *Kitāb al-iršād* (Die Leitung) zu finden, das zugleich einen Höhepunkt der „Methode der Alten" (maḏhab al-mutaqaddimīn) darstellt. ᶜAbd al-Qādir bezieht sich auf Gelehrte, die die „Methode der Modernen" (maḏhab al-muḥdaṯīn) anwandten.[19] Diese wurde von Abū Ḥāmid al-Ġazālī (1058-1111) begründet, da er die aristotelische Logik systematisch in die Theologie einführte, auch um der Kritik der muslimischen Philosophen gegen die rationalistischen Theologen mit ihrer eigenen Methode und Terminologie zu antworten.[20] Energisch verteidigt wurde diese Doktrin dann von Faḫr ad-Dīn ar-Rāzī (1149-1209) und ᶜAḍūd ad-Dīn al-Īǧī (1281-1355). Der spätere Aschᶜarismus, vertreten durch Gelehrte wie Sᶜad ad-Dīn Masᶜūd b. al-Taftazānī (1332-1390), ᶜAlī b. Muḥammad al-Ǧurǧānī (1339-1434) und Nāṣīr ad-Dīn al-Baiḍāwī (gest. 1286/1316), war dann von den Kommentaren sowie Superkommentaren zu den Dogmatiken (ᶜaqīda) geprägt. Auch in diesen Werken machten die Theologen zum Teil exzessiv Gebrauch von der Philosophie.[21]

In diesen Werken wird zum Teil systematisch und detailliert die Logik angewendet, so dass der postulierte Sieg der aschᶜaritischen Schule über den Rationalismus den tatsächlichen Inhalten der Hauptwerke dieser Doktrin widerspricht.[22] Oliver Leaman argumentiert, dass die häufig als nicht rationalistisch geltenden Theologen intensiver mit der Vernunft beschäftigt sind als die Rationalisten, da sie sich kritisch mit der Vernunft auseinandersetzen müssen, um ihre Grenzen zu verdeutlichen.[23] Jeffry Halverson beklagt, dass sich viele Theologen auf unorthodoxe Schulen beziehen, wie die Muᶜtazila Bewegung oder die islamische Philosophie, als die Theologie im Kern ihrer Doktrin zu reformieren. Für ihn besitzt der Aschᶜarismus ein immens hohes Potential für eine erneuernde Theologie. Jede dieser Referenzen auf das islamisch-arabische Erbe impliziert aber unterschiedliche Grundhaltungen und Absichten. Die islamische Philosophie steht für die Eingrenzung des Religiösen und gleichzeitig für eine Anerkennung des fremden,

---

19 In ᶜAbd al-Qādirs Überlegungen zum Universum und zu dem menschlichen Körper bezieht er sich auf einige antike Gelehrte, wie Galen, Aristoteles und Platon (MH S. 67-69, 92-152).

20 Vgl. Özervarli (1999): S. 91. Sowie Madelung (1987): S. 332.

21 Vgl. Leaman (2008): „The developed kalām Tradition", S. 84.

22 Vgl. Haj (2009): S. 190. Sowie Leaman (2008): S. 85.

23 Vgl. Leaman (2008): S. 85.

griechischen Erbes. Der Aschᶜarismus ist eine theologische Disziplin, die sich auf das muslimische Erbe bezieht, was, laut Hildebrandt, für Araber immer auch bedeutet, das Wesen und die Identität der eigenen Kultur zu ergründen.[24]

Der Aschᶜarismus ist aus der Muᶜtazila Bewegung und in Abgrenzung an die hanbalitisch orientierten Literalisten entstanden. Auch heute wird er traditionell als der Muᶜtazila Bewegung feindlich gesinnt verstanden und somit u.a. für den Verfall der Lehre über die Kausalität verantwortlich gemacht.[25] ᶜAbd al-Qādir bedient sich bei seiner Erklärung der Kausalbeziehung im Islam auch nicht nur der aschᶜaritischen Theologie, sondern zieht die Lehre Mullā Ṣadrās (1571-1640) heran, der als führender schiᶜitischer Philosoph der safawidischen Periode gilt. Mullā Ṣadrā begründete eine eigene philosophisch-sufische Schule und kann nicht der sunnitisch orthodoxen Mehrheitsmeinung zugeordnet werden. Diese Schule baut auf einer Synthese aus *kalām* Theologie, der zum Teil neuplatonischen Lehre der Ismaᶜiliya, Ibn Sīnās Metaphysik und der Lehre Ibn al-ᶜArabīs sowie generell dem Sufismus auf.[26] Ich halte diese Ausnahme deshalb für wichtig, weil ᶜAbd al-Qādir selbst Mullā Ṣadrās Ansatz als den besten Weg bezeichnet, der zwischen Theologie und Philosophie eine Symbiose herzustellen versucht. Hier zeigt sich auch deutlich ᶜAbd al-Qādirs intellektuelle Verbindung zum Sufismus. Das Spektrum seiner Quellen reicht von al-Ġazālī bis Mullā Ṣadrā, also vom 11. bis zum 17. Jahrhundert, und geht damit über den üblichen Lehrkanon einer maghrebinischen Madrasa hinaus.

5.3 *Das Verhältnis von Rationalismus und Mystik*

ᶜAbd al-Qādirs erste Abhandlung hat die Vernunft und damit die Rationalität zum Gegenstand und trotzdem sind in seinem Text Hinweise auf sein mystisches Verständnis zu finden. Diese Verbindung zum Sufismus ist unter dem Aspekt interessant, dass ᶜAbd al-Qādir Jahre später eine Erneuerung des religiösen Denkens vertrat, die aus einer neu definierten Symbiose aus Rationalismus und Mystik besteht. In seiner ersten Abhandlung zeigt sich ᶜAbd al-Qādirs philosophisch-sufisches Religionsver-

---

24 Vgl. Hildebrandt (2007): S. 111. Zur weiteren Diskussion des modernen Umgangs mit dem islamisch-arabischen Erbe und der arabischen Renaissance (nahḍa) siehe Hildebrandt (2007).

25 Vgl. Halverson (2010): Theology and Creed in Sunni Islam, S. 130 ff. Hildebrandt (2007): S. 92.

26 Vgl. MacEoin (2010): „Mullā Ṣadrā Shīrāzī“, in: EI.

ständnis inhaltlich in seiner Schöpfungstheologie, seiner Bewertung der Kausalbeziehung und seinem Beweis für die Existenz des Propheten.

ʿAbd al-Qādirs Schöpfungstheologie basiert auf dem Prinzip der Emanation, d.h. die Arten und Geschlechter steigen hinab durch verschiedene Ebenen der Manifestation, bis sie auf der tiefsten Ebene, der materiellen Welt, angekommen sind. Dies ist augenscheinlich das Gegenteil zu der horizontalen Kausalität, die durch die Evolutionstheorie vertreten wird, d.h. die Entwicklung von Arten und Geschlechtern durch eine Serie an imperfekten Typen bis nach tausenden von Jahren der Mensch entsteht. Doch innerhalb der mystischen Schöpfungstheologie bewegen sich die einzelnen kosmischen Ebenen der verschiedenen Existenzen auch nach oben hin zur Quelle ihres Daseins und versuchen eine Vollkommenheit zu erreichen. Im Sufismus spielt diese Vollkommenheit eine bedeutende Rolle, denn dort steht der vollkommene Mensch (insān al-kāmil) an der Spitze der spirituellen Hierarchie und zwischen der göttlichen und der menschlichen Welt. Die Schöpfung an sich ist also eine dauernde Entwicklung hin zu einer Perfektion. Damit kann zum einen der moderne Evolutionsgedanke leichter integriert werden und zum anderen kann die Vielfältigkeit und Pluralität aller Erscheinungen religiös legitimiert werden.[27]

ʿAbd al-Qādirs Beurteilung des Wissens ist durchaus positiv. Er konstatiert, die Vernunft sei weitaus besser in der Lage, Wahrheiten adäquat zu erkennen und abstrakte und logische Zusammenhänge zu begreifen. Auch sei die Vernunft für die Korrektur der Sinneswahrnehmungen unerlässlich.[28] In seinem Verständnis der Kausalbeziehung erkennt er auch die Wirkungsverhältnisse in der Natur an, doch die Erkenntnisse der Naturwissenschaft selbst bleiben auf ihr Gebiet der Untersuchung beschränkt, d.h. es können hieraus keine Aussagen über die Eigenschaften Gottes oder die Schöpfung getroffen werden. Diese moderate Position nimmt er auch in seinem späteren Werk *Kitāb al-mawāqif* ein:

> Sich vollkommen auf sekundäre Ursachen zu verlassen, führt dazu, die göttliche Allmacht zu verneinen und ein Name Allāhs ist der Allmächtige (al-qādir); sie gänzlich aufzugeben, läuft darauf hinaus, die göttliche Weisheit zu verneinen, er wird auch der Weise (al-ḥakīm) genannt. Wenn er entschieden hat, die sekundären Ursachen festzulegen und seine Allmacht hinter ihnen zu verschleiern, ist es nicht vergebens (KM 269).

---

27 Vgl. Scharbrodt (2007): S. 105 ff.

28 al-Ġazālī verteidigt ebenso an mehreren Stellen die Unzulänglichkeiten der Sinneswahrnehmungen und das Vermögen des Verstandes, vgl. al-Ġazālī (1966): Munqiḏ min aḍ-ḍalāl, S. 72/73.

Außerdem beweist ʿAbd al-Qādir die Existenz der Propheten, indem er auf ihre außerordentliche Fähigkeit hinweist. Er versteht die Propheten als vollkommene Menschen (insān al-kāmil) und damit sind sie für ʿAbd al-Qādir nicht nur intellektuelle Autoritäten aufgrund ihrer Rolle als Rezipienten der Botschaft. Dieser Beweis ist keineswegs neu, sondern fest in der diskursiven Tradition des Islam verankert, doch gleichzeitig wird hier der Natur ein unabhängigerer Platz eingeräumt, als es bei dem Beweis anhand der Prophetenwunder der Fall ist. Welche Bedeutung dieser Beweis im 19. Jahrhundert hatte, ist daran abzulesen, dass der politische Aktivist Ǧamāl ad-Dīn al-Afġānī nach dem Protest einiger Gelehrter aus der Hauptstadt des Osmanischen Reiches ausgewiesen wurde, weil er dieses Verständnis von der Prophetie in einem Vortrag an der Universität Istanbul präsentierte.[29] Mit diesem Beweis für die Prophetie schafft ʿAbd al-Qādir also eine Kohärenz innerhalb der islamischen Tradition und kann gleichzeitig die modernen Erkenntnisse der Naturwissenschaft offener integrieren.[30]

Sein umfassender Gebrauch der orthodoxen islamischen Tradition in *al-Miqrāḍ al-ḥādd* kann auch nicht als Widerspruch zu seinem spirituellem Verständnis der Welt verstanden werden, denn die vom ihm zitierten Gelehrten waren dem Sufismus nicht abgeneigt. Besonders hervorzuheben ist hier al-Ġazālī (1058-1111), der viel zur Verbreitung des Sufismus innerhalb der orthodoxen Doktrin beigetragen hat, und Mullā Ṣadrā (1571-1640), der als herausragender Gelehrter der sufischen Lehre gilt. Die Kombination von Aschʿarismus und Sufismus wurde schon durch Mystiker wie al-Ḥāriṯ b. Asad al-Muḥāsibī (gest. 857) vertreten und erfuhr dann mit al-Ġazālī im 10./11. Jahrhundert ihren Höhepunkt.[31] Im Allgemeinen gab es im 18. Jahrhundert einen Wechsel, weg von dem Ansatz Ibn al-ʿArabīs hin zu dem mehr gemäßigten Denken al-Ġazālīs. Dieser Wechsel bedeutete aber keine Abkehr vom Sufismus, vielmehr agierten die Denker solcher Neuerungstendenzen im 18. Jahrhundert innerhalb einer umformulierten Sufi Tradition. Dieses äußerte sich darin, dass diese Theologen eine strengere und literalistischere Interpretation der Hadith-Sammlungen und des Koran bevorzugten.[32] Weismann argumentiert, ʿAbd al-Qādir stehe in dieser Tradition eines Schariʿa basiertem Sufismus, die seit den Tagen al-Ġazālīs einen Kompromiss zwischen dem religiösen Wissen (ʿilm) und dem spirituellen Wissen (taṣawwuf) herzustellen versucht. ʿAbd al-Qādir nimmt damit einen moderaten Mittelweg

29 Vgl. Scharbrodt (2007): S. 104.
30 Vgl. Özervarli (1999): S. 103, vgl. Scharbrodt (2007): S. 104.
31 Vgl. Watt (2010): „al-Ashʿarī", in: Ei.
32 Vgl. Levtzion (1987): „Introduction", S. 9 ff.

zwischen den Gelehrten ein, die weder das Wissen noch die Spiritualität anstrebten, und den Mystikern, die das religiöse Gesetz negierten. Er betrachtet also das rationale Denken, die Intuition und das literalistische Verständnis der Quellen als eine Einheit.[33]

Auch seine Staatsgründung in Algerien, die deutlich durch eine strenge Auslegung der Schariᶜa und einer Art moralischer Erweckung seiner Zeitgenossen durch die symbolisch wie real umgesetzte Tradition des Propheten geprägt ist, zeigt seinen engen Bezug auf die Schariᶜa.[34] Ahmed Nader argumentiert diesbezüglich, sein Kampf um eine Einheit unter den zerstrittenen Stämmen habe ihn in Algerien zu der strikten Anwendung der Schariᶜa gebracht.[35] Allgemein war diese Praxis durch die Kolonialerfahrungen in muslimischen Gesellschaften nicht selten, da der Druck für Veränderungen und Anpassungen erhöht wurde und dies allgemein im 19. Jahrhundert eine Nachprüfung fundamentaler religiöser Autorität und besonders prophetischer Autorität veranlasste.[36] Auch in seinem *Kitāb al-mawāqif* legt ᶜAbd al-Qādir großen Wert auf die strikte Anwendung des religiösen Gesetzes, so behauptet er, je strenger sich der wahre Sufi an das religiöse Gesetz hält, desto näher fühlt er sich zu Gott hingezogen (KM 34). Diese Verbindung von Schariᶜa und Spiritualität ist kein Produkt des 19. Jahrhunderts. Auch in der Lehre al-Ǧīlānīs aus dem 12. Jahrhundert, dem Gründer des Qādirīya Ordens, der für seinen strikten Gehorsam gegenüber dem islamischen Recht bekannt war, besteht diese Verbindung. Für ihn war das religiöse Gesetz eine Bedingung, ohne die es keine spirituelle Weiterentwicklung geben kann.[37]

In Anbetracht seines Gesamtwerkes hat sich kein Bruch in ᶜAbd al-Qādirs intellektueller Auseinandersetzung mit dem Islam und seiner spirituellen Biographie vollzogen. Sobald ᶜAbd al-Qādirs erste Abhandlung angesichts der Leserschaft betrachtet wird, die in erster Linie aus französischen Orientalisten besteht, ist es nicht verwunderlich, wie wenig er auf die spirituelle Erkenntnisebene eingeht und sich auf die rationalen Argumente innerhalb der orthodoxen Tradition bezieht. Er will ja gerade zeigen, dass der Islam selbst rational ist. Der algerische Historiker ᶜAschrātī Sulaimān stellt in diesem Zusammenhang die The-

33 Vgl. Weismann (2001a): S. 207 ff.

34 Vgl. K. 3, S. 45 ff. in dieser Arbeit.

35 Vgl Nadir (1972): „Les ordres religieux", S. 845 ff. Diese pragmatische Orientierung ᶜAbd al-Qādirs kann auch ein Grund dafür sein, dass er der Vernunft eine bedeutende Rolle zusprach, denn durch den gemeinsamen Maßstab der Vernunft können pragmatische Entschlüsse einfacher gefasst werden.

36 Vgl. Brown (1999): S. 22.

37 Vgl. Nizami (1991): „The Qādiriyya Order", S. 6.

se auf, ʿAbd al-Qādir wandte sich nach der Gefangenschaft intensiv dem Sufismus zu, weil ihm bewusst wurde, dass seine epistemologische Methode in Auseinandersetzung mit dem rationalistischen Denken Europas nicht ausreicht, er aber gleichzeitig die rationalistische Ideologie und Kultur Europas nicht adaptieren konnte. Ein Grund für seine Ablehnung der europäischen Lebensweise sei seine innige Abneigung gegen die materialistische Kultur gewesen, die er mit seiner asketischen Überzeugung nicht vereinbaren konnte.[38] ʿAbd al-Qādirs strikte Ablehnung, sich in Frankreich nieder zulassen und dort legalen Besitz zu erhalten, kann als Hinweis auf seine Ablehnung der europäischen Kultur gelesen werden.[39] In Gefangenschaft hat ʿAbd al-Qādir dann auch eine bedeutende spirituelle Krise erlebt, die ihn dem Sufismus Ibn al-ʿArabīs näher brachte.[40] Er schreibt später, dass die Leute nicht in der Lage sind, den psychischen Schmerz zu entfernen, aber, dass sie fähig sind, den spirituellen Schmerz zu heilen. Deshalb sind die Sufis zufrieden und glücklich in ihrem Inneren und überzeugt davon, alles, was Gott für sie aussucht, ist gut. Sie haben Vertrauen, obgleich sie durch Unglück und Qual geplagt sind (KM 220). Damit erfüllt ʿAbd al-Qādir, wie schon al-Ġazālī lange vor ihm, das Motiv, in einer starken persönlichen Krise die Erlösung nur im Sufismus finden zu können.[41]

5.4 Schlussfolgerungen

Zwei bedeutende Vertreter einer rationalistischen Reformbewegung im 19. Jahrhundert – Ǧamāl ad-Dīn al-Afġānī (1838-1897) und Muḥammad ʿAbduh (1849-1905) – waren beide wie ʿAbd al-Qādir davon überzeugt, dass Religion und Vernunft, wenn sie korrekt verstanden werden, nicht in einen Konflikt geraten können.[42] Aufgrund dieser Übereinstimmung verteidigten sie die Position, muslimische Gesellschaften benötigen keine Säkularisierung des Wissens und der Gesellschaft, um einen wissenschaftlichen Fortschritt zu erzielen.[43] ʿAbd al-Qādirs Abhandlung ist rund vierzig Jahre vor Muḥammad ʿAbduhs Schriften entstanden und muss zu den Anfängen dieses Trends gerechnet werden.

---

38 Vgl. Sulaimān (2004): al-Amīr ʿAbd al-Qādir, S. 16.

39 Vgl. Kiser (2008): S. 246.

40 Vgl. Weismann (2001c): S. 150. Tuḥfa (1964): S. 514-530.

41 Auch Muḥammad ʿAbduh erlebte dieses Krisen- und Erlösungsmotiv in jungen Jahren, vgl. Scharbrodt (2007): S. 90.

42 Vgl. Schacht (2010): „Muḥammad ʿAbduh", in: EI.

43 Vgl. von Kügelgen (2010): S. 603.

Die durchaus negative und vorurteilsbelastete Einstellung europäischer Forscher gegenüber den islamischen Wissenschaften im 19. Jahrhundert muss einbezogen werden, wenn ʿAbd al-Qādirs Verteidigung einer islamischen Vernunft als Antwort auf die französischen Orientalisten gelesen wird. Der französische Orientalist Ernest Renan (1823-1892) führte bspw. in einem Aufsatz aus dem Jahr 1883 den wissenschaftlichen Fortschritt der Araber auf die nestorianischen Christen und den Rationalismus des Islam auf das griechisch-sassanidische Erbe zurück. Der Islam selbst sei der Feind von Wissenschaft und Philosophie.[44] ʿAbd al-Qādirs Text ist auch als Antwort auf die europäische Diskussion über den Islam zu verstehen, weshalb sein synkretistisches Religionsverständnis nur in Auszügen zum Ausdruck kommt. Seine umfassende Anerkennung anderer Glaubensformen tritt in seinen späteren Werken viel deutlicher zutage.[45] Gegen Ende seines Lebens hat ʿAbd al-Qādir einen Briefkontakt zu Muḥammad ʿAbduh hergestellt, was nicht bedeutet, dass er umfassend Abduhs Reformagenda unterstützte. Es verweist aber auf das gemeinsame Interesse, die Rolle der Vernunft im Islam, auch gegen europäische Ansprüche, hervor zu heben und zu stärken.[46] Für ein arabisch-islamisches Publikum gibt er eine Fülle an Argumenten, um die Vernunft innerhalb der anerkannten Doktrin aufzuwerten. Weil ʿAbd al-Qādir sich an der orthodoxen Lehre orientiert, kann er ein breites muslimisches Publikum ansprechen und gleichzeitig die konservativen Gelehrten einbeziehen.

ʿAbd al-Qādir will in *al-Miqrāḍ al-ḥādd* nicht das islamische Denken reformieren. Ich konnte aber anhand seiner Argumente ermitteln, dass er einen eigenen Standpunkt in seinem Werk vertritt und in jeglicher Hinsicht keine radikale Meinung hat, sondern versucht, innerhalb der islamischen Tradition einen Konsens herzustellen, der sich aber nur geringfügig von den Inhalten späterer Reformbemühungen unterscheidet. Erst durch den Vergleich von ʿAbd al-Qādirs Werk mit den Werken anderer Reformer können für das 19. Jahrhundert wiederkehrende Schwerpunkte aufgedeckt werden: der Fokus auf die Individualität des Propheten, eine von Gott unabhängigere Natur, ein philosophisch-mystisches Verständnis der Schöpfung und die Bejahung des menschlichen Fortschritts.

44 Sayyid Ǧamāl ad-Dīn al-Afġānī war anwesend bei diesem Vortrag Renans und antwortete in einem kurzen Schreiben, in dem er die Rolle der Religion auf die Sehnsüchte und Wünsche der Menschheit bezieht, die durch Vernunft nicht erfüllt werden können, vgl. Daiber (1994): „Science and technology versus Islam", S. 119 ff.

45 Vgl. Etienne (1994): S. 241 ff.

46 Vgl. Commins (1988): S. 126.

ʿAbd al-Qādir nutzt Argumente aus dem 11. bis 17. Jahrhundert, um sein Verhältnis zur Vernunft und zu den modernen Wissenschaften zu definieren. Ich konnte offen legen, wie er seine Untersuchung anhand von Argumenten und Texten führt, die in die Tradition eingebettet sind, und dass es ihm nur so möglich ist, erneuernde Standpunkte einzuführen, ohne die Kohärenz zu unterbrechen. Wenn der Betrachter sich der diskursiven Tradition des Islam bewusst ist, kann er Erneuerungen und Transformationen innerhalb dieses Diskurses entdecken, die sonst leicht übersehen werden. Das islamisch-arabische Erbe kann daher nicht als überwunden bezeichnet werden.

6. Literatur

6.1 Werke von ʿAbd al-Qādir al-Ǧazāʾirī

al-Ǧazāʾirī, ʿAbd al-Qādir (ca. 1973): *al-Miqrāḍ al-ḥādd li-qaṭʿ lisān muntaqiṣ dīn al-islām bi-'l-bāṭil wa-'l-ilḥād*, hrsg. von Muḥammad ʿAbdallāh al-Ḫālidī al-Maġribī, [Bairut]: Dār Maktabat al-Ḥayāt.

– (1976-77): *Kitāb al-mawāqif fi'ʾt-taṣawwuf wa'l-waʿẓ wa'l-iršād*, Damaskus: Dār al-Yaqẓa al-ʿArabīya.

– (nach 1855): *Ḏikrā al-ʿāqil wa tanbīh al-ġāfil*, s. l.

6.2 Monographien

Abrahamov, Binyamin (1998): *Islamic Theology: Traditionalism and Rationalism*, Edinburgh: Univ. Press.

Azan, Paul (1925): *L'Emir Abd el Kader 1808-1833: du fanatisme musulman au patriotisme français*, Paris: Hachette.

Bennison, Amira K. (2002): *Jihad and its Interpretations in Pre-Colonial Morocco*, London: Routledge.

Blunt, Wilfrid (1947): *Desert Hawk: Abd el Kader and the French Conquest of Algeria*, London: Methuen.

Brown, Daniel (1999): *Rethinking Tradition in Modern Islamic Thought*, Cambridge: Univ. Press.

Chodkiewicz, Michel (1995): *The Spiritual Writings of Amir Abd al-Kader*, transl. by a team under direction of James Chrestensen and Tom Manning, New York: State Univ. Press.

Commins, David Dean (1990): *Islamic Reform: Political and Social Change in Late Ottoman Syria*, Oxford: Univ. Press.

Danziger, Raphael (1977): *Abd al-Qadir and the Algerians: Resistance to the French and Internal Consolidation*, New York [u.a.]: Holmes & Meier Publ.

Davidson, Herbert A. (1987): *Proofs for Eternity, Creation and the Existence of God in Medieval Islamic and Jewish Philosophy*, New York: Oxford Univ. Press.

Dittmann, Karsten (2004): *Tradition und Verfahren*, Norderstedt: Books on Demand.

Etienne, Bruno (1994): *Abdelkader: Isthme des Isthme (Barzakh al-barazikh)*, [Paris]: Hachette.

Emerit, Marcel (1952): *L'Algerie à l'époque d'Abd-el-Kader*, Paris: Bouchene.

Ǧazā'Irī, Muḥammad b. ʿAbd al-Qādir al- (1964): *Tuḥfat az-zā'ir fī tārīḫ al-ǧazā'ir wa-'l-Amīr ʿAbd al-Qādir*, hrsg. von Maḥmūd Ḥaqqī, Bairut: Dār al-Yaqẓa al-ʿArabīya.

al-Ġazālī, Abū Ḥāmid (ca. 1965): *Iḥyā' ʿulūm ad-dīn*, 16 T. in 4 Bde., al-Qāhira: Dār aš-Šaʿb, letzter Zugriff am 26.10.2010 [http://ia340942.us.archive.org/2/items/ihwahouloumdin/ehyolmden0.pdf].

Haj, Samira (2009): *Reconfiguring Islamic Tradition: Reform, Rationality, and Modernity*, Stanford: Univ. Press.

Halverson, Jeffry R. (2010): *Theology and Creed in Sunni Islam: The Muslim Brotherhood, Ashʿarism, and Political Sunnism*, New York: Palgrave Macmillan.

Hildebrandt, Thomas (2007): *Neo-Mu'tazilismus? Intention und Kontext im modernen arabischen Umgang mit dem rationalistischen Erbe des Islam*, Brill: Leiden.

Hourani, Albert (1981): *The emergence of the modern Middle East*, London: Macmillan.

Julien, Charles-André (1964): *Histoire de l'Algérie contemporaine: la conquête et les débuts de la colonisation (1827-1871)*, Paris: Presses Univ. de France.

Khoury, Philip S. (1983): *Urban Notables and Arab Nationalism – The Politics of Damascus 1860-1920*, Cambridge u.a.: Univ. Press.

Knysh, Alexander (2000): *Islamic Mysticism: A Short History*, Leiden: Brill.

Landwehr, Achim (2008): *Historische Diskursanalyse*, Frankfurt/New York: Campus Verlag.

Laremont, Ricardo Rene (2000): *Islam and the Politics of Resistance in Algeria, 1783-1992*, Trenton [u.a.]: Afica World Press.

Laroui, Abdallah (1975): *L'Histoire du Maghreb: un essai de synthèse*, 2 Bde. Paris: Maspero.

Macintyre, Alasdair (1988): *Whose Justice? Which Rationality?*, Indiana: Univ. Press.

– (1987): *Der Verlust der Tugend: Zur moralischen Krise der Gegenwart*, Frankfurt a.M.: Campus Verlag.

Maḥmūd, ʿAbd al-Ḥalīm (ca. 1966): *Munqiḏ min aḍ-ḍalāl li Ḥuǧǧa al-Islām al-Ġazālī mʿa abḥāṯ fi'l-taṣawwuf wa dirasāt ʿan al-Imām al-Ġazālī*, 5. Aufl., [al-Qāhira]: Dār al-Kutub al-Ḥadīṯa.

Martin, Bradford G. (1976): *Muslim brotherhoods in nineteenth-century Africa*, Cambridge: University Press.

Nasr, Seyyed Hossein (1978): *An Introduction to Islamic Cosmological Doctrines: Conceptions of Nature and Methods used for its study by the Ikhwān al-Ṣafā', al-Bīrūnī, and Ibn Sīnā*, rev. ed., Bath: Pitman Press.

Peters, Rudolph (1979): *Islam and Colonialism: The Doctrine of Jihad in Modern History*, New York [u.a.]: Mouton Publ.
Ruedy, John (1992): *Modern Algeria: The Origins and Development of a Nation*, Indiana: Univ. Press.
Saʿd Allāh, Abū'l-Qāsim (1974): *Muḥammad aš-Šāḏilī al-Qusanṭīnī (1807-1877): Dirāsa min ḫilāl rasāʾilihi wa šiʿrihi*, al-Ǧazāʾir: aš-Širka al-Waṭanīya.
Schilcher Schatkowski, Linda (1985): *Families in Politics – Damascene Factions and Estates of the 18th and 19th Centuries*, Wiesbaden: Franz Steiner Verlag.
Sourush, ʿAbdolkarim (2000): *Reason, Freedom & Democracy in Islam: Essential Writings of Abdolkarim Sourush*, transl., ed. and crit. Intr. by Mahmoud and Ahmad Sadri, Oxford: Univ. Press.
Sulaimān, ʿAšrātī (2004): *al-Amīr ʿAbd al-Qādir: musāǧalāt fī qaḍāya al-luġa, al-maʿrifa, fiqh al-ḫiṭāb al-qurʾānī*, aṭ-Ṭabʿa 3, Waḥrān: Dār al-Ġarb li'n-Našr wa't-Tauzīʿ.
Talgharizadeh, Sayed M. (2000): *Die Risāla fī'l-ḥudūṯ (Die Abhandlung über die Entstehung) von Ṣadr ad-Dīn Muḥammad Ibn Ibrāhīm aš-Šīrāzī (1572-1640)*, Berlin: Schwarz Verlag.
Tibawi, A. L. (1965): *Al-Ghazālī's Tract on Dogmatic Theology*, London: Luzac & Company.
Weismann, Itzchak (2001c): *Taste of Modernity: Sufism, Salafiyya, and Arabism in Late Ottoman Damascus*, Leiden [u.a.]: Brill.

6.3 *Artikel und Aufsätze*

Abu-Manneh, Butrus (1982): „The Naqshbandiyya –Mujaddidiyya in the Ottoman Lands in the Early 19th Century", in: *Die Welt des Islams*, 12/1-4, Leiden: Brill, S. 1-36.
Achrati, Nora (2007): „Following the Leader: A History and Evolution of the Amir ʿAbd al-Qādir al-Jazairi as Symbol", in: *The Journal of North African Studies*, 12/2, S. 139-152.
Asad, Talal (2002): „The Construction of Religion as an Anthropological Category", in: *A Reader in Anthropology*, hrsg. von Michael Lambek, Malden [u.a.]: Blackwell Publ., S. 115-132.
– (1996): "The Idea of an Anthropology of Islam", in: *The Social Philosophy of Ernest Gellner*, hrsg. von John A. Hall and Ian Jarvie, Amsterdam [u.a.]: Rodopi, S. 381-403.
– (1992): "Conscripts of Western Civilization", in: *Dialectical Anthropology: Essays in Honor of Stanley Diamond*, Teil 1: Civilization in Crisis:

Anthropological Perspectives, hrsg. von Christine Gailey, Gainsville [u.a.]: Univ. Press of Florida, S. 335-351.

Balic, Smail (1998): „Göttliche Wahrheit und menschlicher Glaube im Islam", in: *Zur Logik religiöser Traditionen*, hrsg. von Barbara Schoppelreich und Siegfried Wiedenhofer, Frankfurt: Verl. für Interkulturelle Kommunikation, S. 341-363.

Camps, Arnulf (1992): „M. L'Abbé François Bourgade (1806-1866) in dialogue with Muslims at Carthage: A forgotten discussion on the universal meaning of Jesus by a man who passed into oblivion", in: *A universal faith? Peoples, cultures, religions and the Christ, Essays in honor of Frank deGraeve*, hrsg. von Catherine Cornille und Neel Neckebrouck, Louvain: Peeters Press, S. 73-87.

Cole, Juan Ricardo (1980): „Rifāʿa al-Ṭahṭāwī and the Revival of Practical Philosophy", in: *The Muslim World*, 70/1, S. 29-46.

Commins, David Dean (1988): "ʿAbd al-Qādir al-Jazāʾirī and Islamic Reform", in: *The Muslim World*, 78/2, S. 121-131.

– (1986): "Religious Reformers and Arabists in Damascus, 1855-1914", in: *International Journal of Middle East Studies*, no. 18, Cambridge: Univ. Press, S. 405-425.

Christelow, Allan (1982): „Intellectual History in a Culture under Siege: Algerian Thought in the Last Half of the Nineteenth Century", in: *Middle Eastern Studies*, 18/4, S. 387-399, zuletzt geöffnet 07.05.2010 [http://www.jstor.org/stable/4282907].

Daiber, Hans (1994): „Science and technology versus Islam: A controversy from Renan and Afghani to Nasr and Needham and its historical background", in: *Journal for the History of Arabic Science*, 10/1,2, S. 119-133.

Dallal, Ahmad (1993): "The Origins and Objectives of Islamic Revivalist Thought, 1750-1850", in: *Journal of the Oriental American Society*, 113/3, S. 341-359.

Diyab, Adib Nayif (1990): „al-Ghazālī", in: *Religion, Learning and Science in the ʿAbbasid Period*, hrsg. von M. J. L. Young [u.a.], Cambridge: Univ. Press, S. 424-443.

Eisenstadt, Samuel N. (1972): „Intellectuals and Tradition", in: *Daedalus*, 101/2, S. 1-19, zuletzt geöffnet 01.06.2010 [http://www.jstor.org/stable/20024068].

Emerit, Marcel (1952): „Un Problème de Distance Morale: La Résistance Algérienne à l'époque dʿAbd-el-Kader", in: *Information Historique*, Juli/Oktober, S. 127-131.

– (1947): „La légende de Léon Roches", in: *Revue Africaine*, 91, S. 81-105.

Giddens, Anthony (1993): „Tradition in der post-traditionalen Gesellschaft“, in: *Soziale Welt*, 44/4, S. 445-485.

Gusfield, Joseph R. (1967): “Tradition and Modernity: Misplaced Polarities in the Study of Social Change”, in: *The American Journal of Sociology*, 72/4, S. 351-362.

Hildebrandt, Thomas (2002): „Waren Ǧamāl ad-Dīn al-Afġānī und Muḥammad ʿAbduh Neo-Muʿtaziliten?“, in: *Die Welt des Islams*, 42/2, S. 207-262.

King, John (1997): “Abd Al-Qadir: Nationalist or Theocrat?”, in: *The Journal of Algerian Studies*, 2, S. 62-80.

Kügelgen, Anke von (2010): „Muslimische Theologen und Philosophen im Wett- und Widerstreit um die Ratio – Ein Thesenpapier zum Diktum der „Vernunftreligion“ Islam im 11.-14. Jahrhundert“, in: *Asiatische Studien*, 64/3, S. 601-648.

La Revue des deux Mondes (1848): „Chronique de la Quinzaine“, 14. Januar, 21/1, S. 370, zuletzt aufgerufen am 15.09.2010 [http://gallica.bnf.fr/ark:/12148/bpt6k86906m.image.hl.r=Abd-el-Kader.f371.langFR].

Leaman, Oliver (2008): „The developed kalām tradition“, in: *The Cambridge Companion to Classical Islamic Theology*, hrsg. von Tim Winter, Cambridge: Univ. Press, S. 77-90.

Levtzion, Nehemia (1987): „Introduction“, in: *Eighteenth-Century Renewal and Reform in Islam*, hrsg. von Nehemia Levtzion und John O. Voll, New York: Syracuse Univ. Press, S. 3-20.

Lott, Micah (2002): „Reasonably Traditional: Self-Contradiction and Self-Reference in Alasdair MacIntyre‘s Account of Tradition-Based Rationality“, in: *The Journal of Religious Ethics*, 30/3, S. 315-339.

Madelung, Wilferd (1987): „Religiöse Literatur in arabischer Sprache“, in: *Grundriss der arabischen Philologie, Bd. II: Literaturwissenschaft*, hrsg. von Helmut Gätje, Wiesbaden: Reichert, S. 325-383.

Makhlouf, Sanaa (2005): „The Legacy of Shaykh Muhammad al-Fâsî a-Shâdhilî in the Spiritual Journey of al-Amîr ʿAbd al-Qâdir al-Jazâʾirî“, in: *Une voie soufie dans le monde: la Shâdhiliyya*, hrsg. von Éris Geoffroy, Paris: Maisonneuve & Larose, S. 271-283.

Mayer, Toby (2008): „Theology and Sufism“, in: *The Cambridge Companion to Classical Islamic Theology*, hrsg. von Tim Winter, S. 258-287.

Mirza, Qudsia (2008): „Islamic Feminism and Gender Equality“, in: ISIM Review, 21, S. 30/31.

Nadir, Ahmad (1972): „Les ordres religieux et la conquête française“, in: *Revue Algerienne des sciences juridiques. économiques et politiques*, S. 819-872.

Nizami, Khaliq Ahmad (1991): „The Qādiriyya Order“, in: *Islamic Spirituality: Manifestations*, hrsg. von Seyyed Hossein Nasr, London: SCM Press, S. 6-25.

Özervarli, M. Sait (1999): „Attempts to revitalize kalām in the late 19th and early 20th centuries“, in: *The Muslim World*, 89/1, S. 90-105.

Papst Benedikt XVI: „Glaube, Vernunft und Universität. Erinnerungen und Reflexionen“, Eröffnungsrede in der Aula Magna der Universität Regensburg, Dienstag 12. September 2006, letzter Zugriff 02.11.2010 [http://www.vatican.va/holy_father/benedict_xvi/speeches/2006/september/documents/hf_ben-xvi_spe_20060912_university-regensburg_ge.html].

Peters, Rudolph (1990): "Reinhard Schulze's Quest for an Islamic Enlightenment", in: *Die Welt des Islams*, 30, 1/4, S. 160-162.

– (1980): "Idjtihād and Taqlīd in 18th and 19th Century Islam", in: *Die Welt des Islams*, New Series, 20, 3/4, S. 131-145.

Scharbrodt, Oliver (2007): „The Salafiyya and Sufism: Muḥammad ʿAbduh and his Risālat al-Wāridāt (Treatise on Mystical Inspirations)“, in: *Bulletin of the School of Oriental & African Studies*, 70/1, S. 89-115.

Serauky, Eberhard (1988): „Zu einigen religiös-politischen Vorstellungen ʿAbd al-Qādirs (1808-1883)“, in: *Hallesche Beiträge zur Orientwissenschaft*, Heft 13.

Shamsy, Ahmed El (2008): „The social construction of orthodoxy“, in: *The Cambridge Companion to Classical Islamic Theology*, hrsg. von Tim Winter, Cambridge: Univ. Press, S. 97-117.

Shinar, Pessah (1965): „ʿAbd al-Qādir and ʿAbd Al-Krīm – Religious Influences on Their Thought and Action", in: *Asian and African Studies – Annual of the Israel Oriental Society*, vol. 1, Jerusalem.

Tritton, A. S. (1965): "Reason and Revelation", in: *Arabic and Islamic Studies in Honor of Hamilton A. R. Gibb*, hrsg. von George Makdisi, Leiden [u.a.]: Brill, S. 619-630.

Voll, John O. (1983): "Renewal and Reform in Islamic History: Tajdid and Islah", in: *Voices of Resurgent Islam*, hrsg. von John L. Esposito, New York: Oxford Univ. Press, S 32-47.

Waldman, Marilyn Robinson (1986): "Tradition as a Modality of Change: Islamic Examples", in: *History of Religions, Religion and Change: An Anniversary Volume*, 25/4, S. 318-340.

Weismann, Itzchak (2001a): „Between Sufi Reformism and Modernist Rationalism – a Repraisal of the Origins of the Salafiyya from the Damascene Angle", in: *Die Welt des Islams*, 41/2, S. 206-237.

– (2001b): „God and the Perfect Man in the Experience of ʿAbd al-Qadir al-Jazaʾiri", in: *Journal of the Muhiyddin Ibn-ʿArabi Society*, no. 30, S. 55-71.

Werner, Louis (2010): „Prince of Brotherhood", in: *Saudi Aramco World*, Juli/August, Houston: Aramco Services Company, zuletzt geöffnet am 18.11.2010 [http://www.saudiaramcoworld.com/issue/201004/prince.of.brotherhood.htm]

6.4 Nachschlagewerke

A History of Muslim Philosophy (1963), hrsg. von M. M. Sharif, Bd. 1, Wiesbaden: Harrassowitz.

Der Koran (2004): Arabisch – Deutsch, übersetzt und kommentiert von Adel Theodor Khoury, Gütersloh: Verlagshaus.

Der Koran (2004): Deutsch, übersetzt von Rudi Paret, 9. Aufl., Stuttgart: Kohlhammer.

Der Neue Pauly (2010), hrsg. von Hubert Cancik und Helmuth Schneider (Antike); Manfred Landfester (Rezeptions- und Wissenschaftsgeschichte), Brill: Brill Online.

Dictionnaire des orientalistes de langue française (2008), hrsg. von François Pouillon, Paris: Karthala.

Encyclopaedia Britannica (1969), hrsg. von William Benton, Chicago [u.a.]: Univ. of Chicago.

Encyclopaedia of Islam Online (2010), 2. Aufl., hrsg. von P. Bearman [u.a.], Brill: Brill Online, zuletzt geöffnet am 21.11.2010 [http://www.brillonline.nl/subscriber/entry?entry=islam_title_islam].

Geschichtliche Grundbegriffe: Historisches Lexikon zur politisch-sozialen Sprache in Deutschland (2004), hrsg. von Otto Brunner [u.a.], Bd. 6, Stuttgart: Klett-Cotta.

Internet Encyclopedia of Philosophy (1995), hrsg. von James Fieser und Bradley Dowden, zuletzt geöffnet am 16.11.2010 [http://www.iep.utm.edu/eds/].

Al-Munǧid fī al-luġa wa al-āʿlām (2008): Arabisch – Arabisch, 101. Aufl., Bairut: Dār al-Mašriq.

Routledge Encyclopedia of Philosophy (1998), hrsg. von E. Craig, London: Routledge.

Wehr, Hans (1977): *Arabisches Wörterbuch für die Schriftsprache der Gegenwart und Supplement*, 4. unveränd. Aufl., Beirut [u.a.]: Libraire du Liban.

7. Anhang: Inhaltsangabe »al-Miqrāḍ al-ḥādd«

BIBLIOTHECA ACADEMICA

Reihe Orientalistik – ISSN 1866-5071

Band 1
Kurz, Isolde
Vom Umgang mit dem anderen
Die Orientalismus-Debatte zwischen Alteritätsdiskurs und interkultureller Kommunikation
(vergriffen)
ISBN 978-3-933563-88-0

Band 2
Abou-El-Ela, Nadia
ôwê nu des mordes, der dâ geschach ze bêder sît:
Die Feindbildkonzeption in Wolframs 'Willehalm' und Usâmas 'Kitâb al-i'tibâr'
2001. 259 S. – 155 x 225 mm. Kt
€ 36,00 ISBN 978-3-933563-93-4

Band 3
Bromber, Katrin
The Jurisdiction of the Sultan of Zanzibar and the Subjects of Foreign Nations
2001. 89 S. – 155 x 225 mm. Kt
€ 18,00 ISBN 978-3-935556-65-1

Band 4
Fürtig, Henner (Hrsg.)
Islamische Welt und Globalisierung
Aneignung, Abgrenzung, Gegenentwürfe
(vergriffen)
ISBN 978-3-935556-75-0

Band 5
Mutlu, Kays
Ismet Özel
Individualität und Selbstdarstellung eines türkischen Dichters
2004. 104 S. – 170 x 240 mm. Kt
€ 24,00 ISBN 978-3-89913-328-8

Band 6
Jedlitschka, Anja
Weibliche Emanzipation in Orient und Okzident
Von der Unmöglichkeit, die Andere zu befreien
2004. 266 S. – 170 x 240 mm. Kt
€ 44,00 ISBN 978-3-89913-339-4

Band 7
Bossaller, Anke
'Schlafende Schwangerschaft' in islamischen Gesellschaften
Entstehung und soziale Implikation einer weiblichen Fiktion
2004. 259 S. – 170 x 240 mm. Kt
€ 35,00 ISBN 978-3-89913-363-9

Band 8
Möller, Reinhard (Hrsg.)
Islamismus und terroristische Gewalt
2004. 170 S. – 170 x 240 mm. Kt
€ 24,00 ISBN 978-3-89913-365-3

Band 9
Arnold, Werner – Escher, Anton – Pfaffenbach, Carmella
Malula und Mʿallōy
Erzählungen aus einem syrischen Dorf
2004. 248 S. m. zahlr. Farbabb. – 170 x 240 mm. Fb
€ 38,00 ISBN 978-3-89913-369-1

Band 10
Schiffer, Sabine
Die Darstellung des Islam in der Presse
Sprache, Bilder, Suggestionen. Eine Auswahl von Techniken und Beispielen
2005. 350 S. m. zahlr. Abb. – 170 x 240 mm. Kt
€ 39,00 ISBN 978-3-89913-421-6

ERGON VERLAG · WÜRZBURG

Reihe Orientalistik - ISSN 1866-5071

Band 11
Wendt, Christina
Wiedervereinigung oder Teilung?
Warum das Zypern-Problem nicht gelöst wird
2006. 338 S. - 170 x 240 mm. Kt
€ 42,00 ISBN 978-3-89913-495-7

Band 12
Görlach, Alexander
Der Heilige Stuhl im interreligiösen Dialog mit islamischen Akteuren in Ägypten und der Türkei
2007. 244 S. - 170 x 240 mm. Kt
€ 35,00 ISBN 978-3-89913-558-9

Band 13
Pielow, Dorothee
Der Stachel des Bösen
Vorstellungen über den Bösen und das Böse im Islam
2008. 174 S. - 170 x 240 mm. Kt
€ 25,00 ISBN 978-3-89913-642-5

Band 14
Röhring, Christian
Orientalismus und Biografie
Religiöse Aspekte in Indienbildern deutschsprachiger Einwohner Indiens
2008. 376 S. - 170 x 240 mm. Kt
€ 45,00 ISBN 978-3-89913-646-3

Band 15
Ossenbach, Luise
Versmaß des Glaubens
Ein arabisches Gedicht zum Lob des Propheten von ʿAlam ad-Dīn as-Saḫāwī (st.1245)
2009. 72 S. - 155 x 230 mm. Kt
€ 18,00 ISBN 978-3-89913-721-7

Band 16
Ourghi, Mariella
Muslimische Positionen zur Berechtigung von Gewalt
Einzelstimmen, Revisionen, Kontroversen
2010. 190 S. - 155 x 230 mm. Kt
€ 32,00 ISBN 978-3-89913-743-9

Band 17
Kowanda-Yassin, Ursula
Mensch und Naturverständnis im sunnitischen Islam
Ein Beitrag zum aktuellen Umweltdiskurs
2011. 208 S. - 155 x 230 mm. Kt
€ 28,00 ISBN 978-3-89913-815-3

Band 18
Baumgarten, Jürgen
Die Ammarin
Beduinen in Jordanien zwischen Stamm und Staat
2011. 340 S. m. mehr. Abb. - 170 x 240 mm. Fb
€ 48,00 ISBN 978-3-89913-825-2

Band 19
Raih, Asmaa
Arabische Frauenliteratur und Interkulturalität
Eine Untersuchung ausgewählter Romane arabischer Autorinnen hinsichtlich der Konstitution der Fremdheit und der Beziehung zwischen Eigenem und Fremdem
2011. 192 S. m. mehr. Abb. - 170 x 240 mm. Kt
€ 28,00 ISBN 978-3-89913-853-5

BIBLIOTHECA ACADEMICA

Reihe Orientalistik – ISSN 1866-5071

Band 20
Martinez-Weinberger, Elga
Romanschauplatz Saudi-Arabien
Transformationen, Konfrontationen, Lebensläufe
2011. XIV/235 S. – 170 x 240 mm. Fb
€ 38,00 ISBN 978-3-89913-872-6

Band 21
Neufend, Maike
Das Moderne in der islamischen Tradition
Eine Studie zu Amīr ʿAbd al-Qādir al-Ǧazā'irīs Verteidigung der islamischen Vernunft im 19. Jahrhundert
2012. 117 S. – 155 x 230 mm. Kt
€ 22,00 ISBN 978-3-89913-891-7

Band 22
Wintermann, Jutta
Dichtung und Historie
Aspekte der Herrschaft Ḫosrous II. in Neẓāmīs *Ḫosrou-o Šīrīn*
2012. 108 S., 2 Abb. – 155 x 230 mm. Kt
€ 18,00 ISBN 978-3-89913-890-0

ERGON VERLAG · WÜRZBURG

Zeitfracht Medien GmbH
Ferdinand-Jühlke-Straße 7
99095 Erfurt, Deutschland
produktsicherheit@kolibri360.de